新能源汽车结构与原理

瑞佩尔 主编

全彩图解

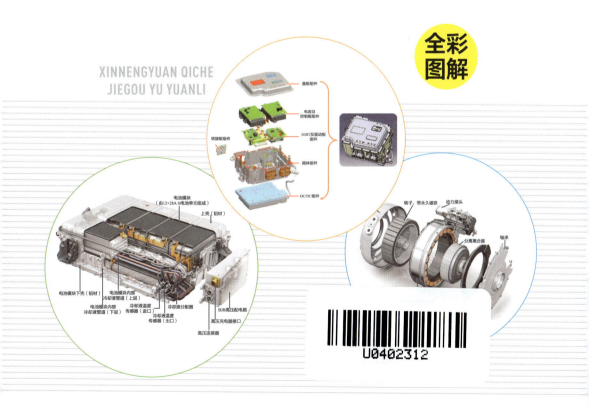

化学工业出版社

·北京·

图书在版编目（CIP）数据

新能源汽车结构与原理/瑞佩尔主编． —北京：化学工业出版社，2018.8（2024.11重印）
ISBN 978-7-122-32451-1

Ⅰ．①新… Ⅱ．①瑞… Ⅲ．①新能源-汽车 Ⅳ．①U469.7

中国版本图书馆CIP数据核字（2018）第135221号

责任编辑：周　红　　　　　　　　　　　　文字编辑：陈　喆
责任校对：宋　夏　　　　　　　　　　　　装帧设计：韩　飞

出版发行：化学工业出版社（北京市东城区青年湖南街13号　邮政编码100011）
印　　装：天津裕同印刷有限公司
710mm×1000mm　1/16　印张16　字数310千字　2024年11月北京第1版第11次印刷

购书咨询：010-64518888　　　　　　　　　售后服务：010-64518899
网　　址：http://www.cip.com.cn
凡购买本书，如有缺损质量问题，本社销售中心负责调换。

定　　价：88.00元　　　　　　　　　　　　　　　　　　版权所有　违者必究

Preface 前言

发展新能源汽车是国家战略。2012年国务院出台《节能与新能源汽车产业发展规划（2012—2020年）》，提出了新能源汽车行业具体的产业化目标：到2020年，纯电动汽车和插电式混合动力汽车生产能力达200万辆、累计产销量超过500万辆。在国家及地方政府配套政策的支持下，我国新能源汽车实现了产业化和规模化的飞跃式发展。

我国已经连续三年位居全球新能源汽车产销第一大国。2017年，全球新能源汽车总销量超过了142万辆，累计销售突破了340万辆。截至2017年年底，我国新能源汽车累计销量达到180万辆，在全球累计销量中超过50%。无论是销量、增速还是全球市场份额，我国均为世界第一。

汽车产业"新四化"，即电动化、网联化、智能化、共享化，已成为汽车行业公认的未来趋势，不具备"四化"特征的车型便很有可能被淘汰。由于更适合演变为高级智能移动终端，新能源汽车将迎来高速发展。全球范围内，预计2022年新能源汽车销量将达600万辆；2030年，全球新能源汽车年销量有望达到1.03亿辆。

可以说汽车的"新能源时代"已经全面来临，不论是汽车制造产业，还是服务行业，抑或是每一个汽车消费者，都不得不面对它，迎接它的到来。如此，对于新能源汽车的构造及其原理的基本了解就成了我们必须面对的课题了。

本书结合汽车企业如宝马、奔驰、大众、奥迪及我国比亚迪、北汽新

能源、上汽荣威等品牌在新能源汽车上的技术成果，以全彩图解的形式，生动形象地诠释了新能源汽车各种形式，以及运行原理，且以"电池、电动机、电控"为独立章节重点介绍了电动汽车核心技术部件的结构及原理。

本书由瑞佩尔主编，参加编写的人员还有彭启凤、黄中立、彭斌、刘振容、彭益均、胡荣添、彭启红、张鹏、张昌华、陈金美、满进波、彭达吾、刘振华、刘正宜、向旦、胡前明、胡雪飞、肖冬明、朱胜强、张建平、朱雄丰、曾永贵、刘艳、万成华、钟金秀、黄贵福、刘笃清、李丽娟、徐银泉。在编写过程中，参考了大量国内外相关文献和网络信息资料，在此，谨向这些资料信息的原创者们表示由衷的感谢！

囿于我们水平，及成书之匆促，书中疏漏之处在所难免，还请广大读者朋友及业内专家多多指正。

编　者

目录
CONTENTS

模块 1 新能源汽车概论

项目1 新能源汽车发展史 / 001

1.1.1 新能源汽车的演变 / 001
1.1.2 新能源汽车的兴起 / 006
1.1.3 新能源汽车的优势 / 006

项目2 新能源汽车的类别 / 007

1.2.1 新能源与电动汽车的定义 / 007
1.2.2 纯电动汽车（BEV） / 008
1.2.3 混合动力汽车（HEV） / 009
1.2.4 燃料电池汽车（FCV） / 010

模块 2 混合动力汽车初探

项目1 混合动力汽车的分类 / 012

2.1.1 混合动力技术定义 / 012
2.1.2 根据混动程度分类 / 013
2.1.3 根据混动模式分类 / 015

项目2 油电混动车型运行原理 / 017

2.2.1 串联式混合动力系统结构原理 / 017
2.2.2 并联式混合动力系统结构原理 / 022
2.2.3 混联式混合动力系统结构原理 / 031
2.2.4 车桥独立式混合动力系统 / 040

项目3 油气混合车型原理 / 043

2.3.1 CNG双燃料车型定义 / 043
2.3.2 CNG车型系统结构 / 044
2.3.3 CNG车型工作原理 / 044

模块 3　纯电动汽车结构原理

项目 1　纯电动汽车基本结构 / 046

3.1.1　通用型纯电动汽车基本结构　/ 046
3.1.2　常见电动汽车高压部件　/ 047

项目 2　纯电动汽车基本原理 / 051

3.2.1　纯电动汽车系统组成　/ 051
3.2.2　纯电动汽车运行原理　/ 052

模块 4　电池与电源管理系统

项目 1　电池构造与原理 / 055

4.1.1　电池的特性与分类　/ 055
4.1.2　锂离子电池　/ 058
4.1.3　镍氢电池　/ 075
4.1.4　燃料电池　/ 080

项目 2　电池冷却系统 / 082

4.2.1　宝马 i3 电池冷却　/ 082
4.2.2　奥迪 A3 e-tron 电池冷却　/ 086
4.2.3　奔驰 S500 PHEV 电池冷却　/ 089
4.2.4　丰田–雷克萨斯 HEV 电池冷却　/ 090

项目 3　电池充电系统 / 092

4.3.1　众泰 E30EV 充电系统　/ 092
4.3.2　江淮 IEV6/7 充电系统　/ 094

项目 4　电池管理系统 / 097

4.4.1　比亚迪 E6 电池管理系统　/ 097
4.4.2　众泰 E30EV 电池管理系统　/ 101

项目 5　电源转换系统 / 103

4.5.1　宝马电源转换器　/ 104
4.5.2　众泰电源转换器　/ 107

项目 6　高压分配系统 / 109

4.6.1　宝马 i3 高压分配系统　/ 109
4.6.2　比亚迪唐高压配电箱　/ 111
4.6.3　奥迪 Q5 高压分配系统　/ 113

项目 7　能量回收系统 / 114

4.7.1　宝马 X1 混动制动能量回收　/ 114
4.7.2　本田雅阁–锐混动能量再生　/ 118

项目 8　高压安全 / 124

4.8.1　比亚迪高压安全防护　/ 124
4.8.2　奔驰 C300 PHEV 高压防护　/ 125

模块 5 电动机与动力控制系统

项目 1 电动机构造分解 / 127

5.1.1 电动机基本构造与原理 / 127
5.1.2 比亚迪秦/唐电动机 / 128
5.1.3 宝马 i3/i8 电动机 / 131
5.1.4 宝马 F49 电动机 / 137
5.1.5 宝马 F18 电动机 / 140
5.1.6 奥迪 e-tron 车系电动机 / 146
5.1.7 奥迪 Q5 混合动力电动机 / 149
5.1.8 大众途锐 HEV 电动机 / 150
5.1.9 奔驰 S500 PHEV 电动机 / 151
5.1.10 路虎揽胜 HEV 电动机 / 152

项目 2 电动机控制系统 / 155

5.2.1 众泰云 100S 动力系统 / 155
5.2.2 宝马 i3 电动机控制系统 / 157
5.2.3 宝马 F49 电动机控制器 / 160
5.2.4 宝马 F18 电动机控制系统 / 164
5.2.5 奔驰 S500 PHEV 功率电子装置 / 171
5.2.6 传祺 GA3S 电动机控制 / 171

模块 6 整车与混动控制系统

项目 1 整车控制系统 / 174

6.1.1 传祺 GA3S PHEV / 174
6.1.2 荣威 ERX5 EV / 175
6.1.3 北汽新能源 EV200 / 177

项目 2 混合动力控制系统 / 181

6.2.1 丰田 THS 混合动力控制系统 / 181
6.2.2 本田 IMA 混合动力控制系统 / 183
6.2.3 本田 i-MMD 混合动力系统 / 185

模块 7 其他高压与电动化部件

项目 1 电动空调压缩机 / 187

7.1.1 宝马 i3 电动空调压缩机 / 187
7.1.2 奔驰 S500 PHEV 电动压缩机 / 190

项目 2 电辅助加热器 / 190

7.2.1 宝马 i3 电控辅助加热器 / 190
7.2.2 宝马 X1 电气加热系统 / 196
7.2.3 传祺 GA3S PHEV 电辅加热系统 / 201

项目 3 高压启动电动机 / 203

7.3.1 宝马 X1/i8 车型 / 203

7.3.2 别克君越混动 / 205

项目4 电动化部件 / 206

7.4.1 转向系统电动助力转向器 / 206
7.4.2 自动变速器电动冷却泵 / 207
7.4.3 制动系统电动真空泵 / 211

08 模块8 变速器与减速器

项目1 带电动机的自动变速器 / 214

8.1.1 宝马F18八挡自动变速器 / 214
8.1.2 奔驰S500 PHEV七挡自动变速器 / 218

项目2 减速器功能型变速器 / 219

8.2.1 宝马i3用变速器 / 219
8.2.2 特斯拉变速器 / 221
8.2.3 传祺机电耦合系统 / 221

项目3 行星齿轮组变速器 / 225

8.3.1 丰田P410混合传动桥 / 225
8.3.2 通用4EL70混动变速器 / 227

09 模块9 CAN通信数据总线

项目1 混动车型网络总线 / 229

9.1.1 大众途锐HEV总线网络 / 229
9.1.2 丰田MPX多路通信系统 / 231

项目2 纯电动车型网络总线 / 235

9.2.1 宝马i3网络总线 / 235
9.2.2 知豆电动汽车网络总线 / 239

10 模块10 氢燃料汽车

项目1 氢燃料汽车技术进程 / 240
项目2 氢燃料汽车构造 / 242
项目3 氢燃料汽车原理 / 246

模块 1 新能源汽车概论

项目1 新能源汽车发展史

1.1.1 新能源汽车的演变

新能源汽车是指采用非常规的车用燃料作为动力来源（或使用常规的车用燃料，但采用新型车载动力装置），综合车辆的动力控制和驱动方面的先进技术，形成技术原理先进，具有新技术和新结构的汽车。

新能源汽车具体包括以下几种形式：油电混合动力汽车（又可分为汽油混合动力系统和柴油混合动力系统两种类型）；压缩天然气（CNG）和液化天然气（LNG）汽车（包括点燃式和压燃式）；煤驱动类汽车 [细分有点燃式M85甲醇汽油发动机、M15甲醇汽油机（部分新能源）、压燃式二甲醚（DME）发动机、煤制汽油和煤制柴油等能源类型]；生物质能源驱动类汽车 [细分为E10乙醇汽油车（部分新能源）与柴油车（部分新能源）]；来自于煤、铀、水力、风力、太阳能发电充电的纯电动汽车。

上面提到的大多类型新能源汽车在我国目前仍处于研发阶段，批量生产的较少。而压缩天然气和液化天然气汽车因其技术较简单，主要应用于重型货车和大型客车及少数出租车上。当下批量生产的新能源汽车主要有纯电动（EV）和插电式油电混合动力（PHEV）汽车及不可外接充电的油电混动汽车（HEV），其中油电混合动力汽车包括汽油/柴油两种油电混合动力系统。

传统汽车是靠内燃机将汽油/柴油的化学能转化为动能，但内燃机即汽车发动机的热效率仅为20%～40%，再加上原油开采、提炼、加工等工序，原油的平均能量利用率仅为14%左右。如果利用新能源转化的电能，纯电动汽车比燃油汽车节能达

70%，而费用方面也可节省50%左右。

由于石油是不可再生资源，终有一天会枯竭。同时，即使再省油的汽车也要依靠石油这单一的能量来源。电能作为二次能源，它不受石油资源的限制，除了煤炭之外，核能、风能、水力能、太阳能、潮汐能、地热都可以用来转化为电能，电动汽车是人类未来交通的必然选择。

今后煤电在电力资源中占的比例肯定会越来越低，而核电、光伏、风电、水电等新能源发电的比例将会越来越高，因此，电动汽车将会越来越环保。

使用纯电动汽车代替燃油汽车，是将燃油汽车分散的排放集中到了电厂的废气排放。而电厂的废气排放可以集中处理，无论是在技术上，还是在经济上，电厂的集中处理都要优于汽车的尾气排放。电动汽车代替燃油汽车可以大大降低一氧化碳（CO）和碳氢化合物（CH）的排放量，而随着技术进步和清洁能源发电的使用，氮氧化合物（NO_x）和硫化物（SO_x）的排放也将有所降低。此外，燃油车尾气排放中的一氧化碳（CO）是剧毒物质，已经造成了许多起在车中或密闭车库中致人死亡的案件。

近年来，为了缓解全球气候升温的变化，不少国家和厂家纷纷做出禁售和减少开发与生产燃油汽车的目标和计划。

德国决定2030年起新车只能为零排放汽车，禁止销售汽油车与柴油车。

法国决定2040年后禁售汽油车与柴油车，目标是让法国在2050年前成为零碳排放国家。

荷兰要求2025年开始禁止在本国销售传统的汽油和柴油汽车。

挪威决定2025年起禁止燃油汽车销售。

印度表示到2030年只卖电动汽车，全面停止以石油燃油为动力的车辆销售。

沃尔沃宣布自2019年开始不再新开发燃油汽车，所有新款车型都将为纯电动或混合动力车型。

奔驰宣布将在2022年之前将整个汽车产品线实现电动化，全面停售传统燃油车型。

大众计划到2030年之前，实现所有车型电动化，停售传统燃油车型。

丰田宣布到2050年停售汽油车，到时将只出售混合动力及燃料电池汽车。

……

我国的基本国情是"富煤、缺油、少气"，我国是世界上第二大原油消费国，并且最近已经取代美国成为世界上最大的原油进口国。目前国内石油消费市场对进口石油的依存度已经达到了58%。同时，我国煤炭储量位列全球前茅，目前电网的电力又以"煤电"占主导地位，发展纯电动汽车正好可以解决"缺油、少气"带来的问题。

发展纯电动车的另一个优势就是解决电网在昼夜间的负荷不平衡问题，全世界各个国家的电网都受这个问题的困扰。白天，电动汽车正常行驶；晚上，正好利用"谷电"为车辆充电。如果电动汽车夜间充电50kW·h的电能，几十万辆电动汽车就相当于一个千万千瓦级的电厂的调峰任务。利用夜间充电，现有的电网就已经能满足今后若干年电动汽车发展对电能的要求。这样不仅解决了电动汽车充电的问题，还同时有利于调节电网的昼夜间负荷不平衡问题。

电动汽车的核心技术是三电，即"电池、电机、电控"，而生产电池和电机所要的两关键性资源我国储量都十分丰富。电动汽车的主要动力电池大多为锂电池，而我国也是世界锂资源储量第三大国。电机目前普遍使用的是永磁同步电机，它需要利用稀土永磁材料来做电机的转子，而我国的稀土资源储量居世界首位，占了世界总储量的一半。目前稀土产品市场中，我国的产量占了世界市场的90%以上。因此，从资源上来说，我国有发展电动汽车的天然优势。

电驱型汽车始终是推动车辆发展的主要元素之一。电动汽车技术曾经在一段时间内被忽略了，因为当时油田的油气储量看似还很丰沛，但是后来，随着人们意识到油气储量正日益衰竭，同时，全球环境和气候保护也被提上日程，于是新能源汽车的推广与应用就变得越来越重要。

有关新能源汽车的发展时光轴请参见图1-1所示。

- **1834**：美国人托马斯·达文波特于 1834 年制造了首辆搭载不可充电式蓄电池的由直流电机驱动的电动车，行驶里程为 15～30km

- **1859**：法国人普兰特于 1859 年发明了可充电式铅酸蓄电池

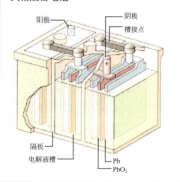

- 首款官方认可的电动车诞生，是一款三轮车型，由巴黎的古斯塔夫·波尔图打造。该款车型搭载了可充电式铅酸蓄电池，车速可达 12km/h

- **1881**

- **1882**：1881 年维尔纳·冯·西门子制造了世界上第一辆有轨电车，次年，制造了一辆无轨电动车。这款车即世人所知的"Electro-Motte"或"Electromote"，它被认作是世界上第一辆无轨电车

- **1898**：巴黎人查尔斯·简托德创立的公司在世纪之交（1893～1906 年）成为电动车领域的领航者。其中的一款车型创下了 37.7km/h 的车速纪录

- **1900**：斐迪南·保时捷在巴黎博览会上展出了在前桥的两个车轮上安装有车轮电机的车辆

- **1902**：瑞士行业领先的电动产业公司 A. Tribelhorn 开发了其首款装备电动机的车型。在大约 20 年的时间里，该公司主要生产电动商务用车

- **1913**：首家加油站在美国匹兹堡投入运营。之后不久，几乎每个城镇都有了加油站。搭载发动机的车辆之所以脱颖而出，要得益于其优化的结构、低价的汽油，以及更高行程发动机的开发

模块1 新能源汽车概论

1960 — 查尔斯·亚历山大·艾斯科法瑞展出了可能是世界上的首辆太阳能车。这是一款 1912 年在加利福尼亚州注册的 Baker Electric 车型，其光伏板由 10640 个独立电池组成

1969 — 美国发明了"月球车"用于登月。它的每个轮子都装有电动机。"月球车"采用银锌蓄电池驱动，行程可达约 92km

1973 — 第一次石油危机的爆发显示出工业国家对石油输出国的巨大依赖性。燃油价格由此飙升

1985 — 瑞士举办了世界首场太阳能车大赛，即"Tour de Sol"

1987 — 针对太阳能车举办了首场"世界太阳能车挑战赛"

1991 — 挪威"THINK"是首批被认作是纯电动车而非电动车改装车的车型之一

1992 — 德国汽车制造商大众打造了 VW Golf Citystromer 车型，这是一款安装了电动机的改装版高尔夫

1995 — 1995～2005 年期间，标致雪铁龙制造了 10000 辆电动车

1996 — 通用汽车在双座电动双门轿跑车"EV 1"（电动车 1）上装载了 500kg 的铅酸蓄电池。之后的镍氢混合蓄电池进一步提升了车辆性能

2008 — 特斯拉汽车公司独家打造的"Tesla Roadster"在美国上市，其内部排列连接有 6187 块笔记本电池。从 0 加速到 100km/h 只需 3.8s

2009 — 德国政府引入了"国家电动发展计划"（Nationalen Entwicklungsplan Elektromobilität, NEPE），其目的在于激励研发，加强市场计划，以及在德国市场发布蓄电池驱动的车辆。预计 2020 年德国将拥有 100 万辆电动车，从而成为电动汽车领域的市场领航者

▲ 图1-1 新能源汽车的发展时光轴

1.1.2 新能源汽车的兴起

图1-2所示为促进新能源汽车普及的诸多因素。

▲ 图1-2 促进新能源汽车普及的诸多因素

1.1.3 新能源汽车的优势

相比目前普遍使用的发动机（汽油发动机与柴油发动机）车辆，新能源（目前主要为电能）汽车具有以下明显优势。

① 电动驱动装置行驶电动机较发动机运行起来更加静音，因此电动汽车的噪声排放非常低。高速运行时，最响的声音只是轮胎与路面的摩擦噪声。

② 电动机在行驶过程中不会排放有害物质或温室气体。如果车辆的高压蓄电池由可再生能源进行充电，则电动车不会排放任何二氧化碳气体。

③ 在不久的将来，如果极度拥挤的市中心规定是"零排放"区，则只能在其中驾驶电动车辆。

④ 电动驱动装置行驶电动机十分强劲，基本无需维护。它只会发生少量机械磨损。

⑤ 电动驱动装置行驶电动机效能极高（96%），而发动机的效能仅为35%～40%。

⑥ 电动驱动装置行驶电动机拥有卓越的扭矩和输出特征，从静止开始便可产生最大扭矩。这使得电动车较发动机车而言可在输出相同的情况下进行更快的加速。

⑦ 驱动系统设计更加简单，因为电动车不再需要装备变速箱、离合器、消音器、微粒过滤器、油箱、启动器、交流发电机及火花塞。

⑧ 车辆制动时，电动机还可用作交流发电机，用于发电并为蓄电池充电（再生性制动）。

⑨ 可以在家里、停车场使用任何电源插座为高压蓄电池充电。

⑩ 只在用户需要的时候提供能量。与传统车辆相比，车辆停止时（如遇红灯），电动驱动装置行驶电动机不再运行。电动驱动装置行驶电动机特别高效，尤其在交通堵塞时。

⑪ 电动驱动装置行驶电动机上不再搭载变速箱，此外，电动汽车也不再需要任何润滑油。

项目2　新能源汽车的类别

1.2.1　新能源与电动汽车的定义

依照中华人民共和国工业和信息化部2009年6月17日发布的《新能源汽车生产企业及产品准入管理规则》，新能源汽车是指采用非常规的车用燃料作为动力来源（或使用常规的车用燃料、采用新型车载动力装置），综合车辆的动力控制和驱动方面的先进技术，形成技术原理先进，具有新技术、新结构的汽车。

新能源汽车包括混合动力汽车、纯电动汽车（BEV，包括太阳能汽车）、燃料电池电动汽车（FCEV）、氢发动机汽车、其他新能源汽车等各类产品。

电动汽车则指的是所有使用电能驱动的车辆。这包括蓄电池驱动车辆和混合动力车（完全混合动力车）或搭载燃料电池的车辆。

全部或部分由电机驱动，并配置大容量电能储存装置的汽车统称为电动汽车（EV，Electric Vehicle），包括纯电动汽车（BEV，Battery Electric Vehicle）、混合动力电动汽车（HEV，Hybrid Electric Vehicle）和燃料电池电动汽车（FCEV，Fuel Cell Electric Vehicle）三种类型。图1-3所示为油电混动至纯电动汽车的演变。

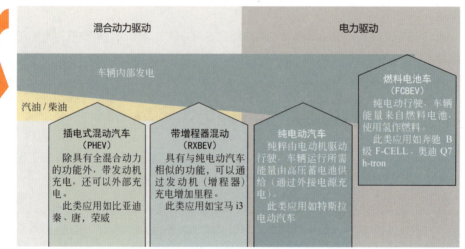

▲ 图1-3　油电混动至纯电动汽车的演变

1.2.2　纯电动汽车（BEV）

纯电动汽车是完全由可充电电池（如铅酸电池、镍镉电池、镍氢电池或锂离子电池）提供动力源的汽车。典型车有如图1-4所示的特斯拉MODEL S电动汽车。

纯电动汽车的优点如下。

- 无污染、噪声小。
- 结构简单，使用维修方便。

▲ 图1-4 特斯拉MODEL S电动汽车

- 能量转换效率高；同时可回收制动、下坡时的能量，提高能量的利用效率。
- 可在夜间利用电网的廉价"谷电"进行充电，起到平抑电网的峰谷差的作用。

1.2.3 混合动力汽车（HEV）

混合动力电动汽车是指使用电动机和传统发动机联合驱动的汽车，按动力耦合方式的不同可以分为串联式混合动力、并联式混合动力和混联式混合动力。

① 串联式混合动力汽车（SHEV） 车辆的驱动力只来源于电动机的混合动力（电动）汽车。结构特点是发动机带动发电机发电，电能通过电动机控制器输送给电动机，由电动机驱动汽车行驶。另外，动力电池也可以单独向电动机提供电能驱动汽车行驶。

② 并联式混合动力汽车（PHEV） 车辆的驱动力由电动机及发动机同时或单独供给的混合动力（电动）汽车。结构特点是并联式驱动系统可以单独使用发动机或电动机作为动力源，也可以同时使用电动机和发动机作为动力源驱动汽车行驶。

PHEV的另一个定义是指新能源汽车中的插入式混合动力电动汽车（Plug In Hybrid Electric Vehicle），是特指通过插电进行充电的混合动力汽车。一般需要专用的供电桩进行供电，在电能充足时，采用电动机驱动车辆，电能不足时，发动机会参与到驱动或者发电环节。市场上比较典型的车辆有如图1-5所示的比亚迪唐插电混动汽车。

③ 混联式混合动力汽车（CHEV） 同时具有串联式、并联式驱动方式的混合动力（电动）汽车。结构特点是可以在串联混合模式下工作，也可以在并联混合模式下工作，同时兼顾了串联式和并联式的特点。

▲ 图1-5 比亚迪唐插电混动汽车

混合动力电动汽车的主要特点如下。
- 采用小排量的发动机，降低了燃油消耗。
- 可以使发动机经常工作在高效低排放区，提高了能量转换效率，降低了排放。
- 将制动、下坡时的能量回收到蓄电池中再次利用，降低了燃油消耗。
- 在繁华市区，可关停发动机，由电动机单独驱动，实现"零"排放。
- 电动机和发动机联合驱动提高了车辆动力性，增强了驾驶乐趣。
- 利用现有的加油设施，具有与传统燃油汽车相同的续驶里程。

1.2.4 燃料电池汽车（FCV）

燃料电池电动汽车是利用氢气和空气中的氧在催化剂的作用下在燃料电池中经电化学反应产生的电能，并作为主要动力源驱动的汽车。此类比较典型的车型有如图1-6所示的丰田MIRAI。

▲ 图1-6 丰田MIRAI FCV燃料电池汽车

燃料电池电动汽车的特点主要如下。

- 能量转化效率高。燃料电池的能量转换效率可高达60%～80%，为发动机的2～3倍。
- 零排放，不污染环境。燃料电池的燃料是氢和氧，生成物是清洁的水。
- 氢燃料来源广泛，可以从可再生能源获得，不依赖石油燃料。

02 模块2 混合动力汽车初探

项目1　混合动力汽车的分类

2.1.1　混合动力技术定义

Hybrid表示混合动力系统或混合动力技术。Hybrid一词来源于拉丁语"Hybrida"，含义指交叉或混合的事物。在技术上，Hybrid是指一套将两种互不相同的技术融合在一起的系统。当它应用于驱动方案时，Hybrid一词则被用于两种场合：双燃料驱动（在后文提到，参见本模块项目3油气混合车型）和混合动力技术。混合动力车型一般在车身上会标识"HYBRID"表明其身份。

混合动力指两种不同的动力系统的组合，它们以不同的工作原理工作。目前大家对混合动力技术的理解是一个发动机和一个电动机的组合。电动机可以用作产生电能的发电机、驱动车辆的电动机或发动机的起动机。其组成形式如图2-1所示。

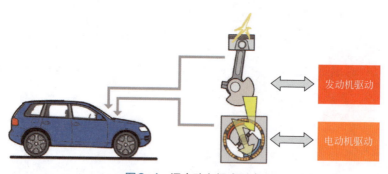

▲ 图2-1　混合动力组成形式

2.1.2 根据混动程度分类

根据混动程度不同，混合动力系统可以分为以下三类。

（1）微混合动力系统

在这种动力方案中，电气组件（起动机/发电机）仅用于启动、停止功能。在制动时，部分动能可以转化为电能以重新利用（能量再生）。车辆无法通过纯电力驱动行驶。因发动机需要频繁启动，故对12V玻璃纤维蓄电池进行了升级改造。微混合动力系统组成形式如图2-2所示。

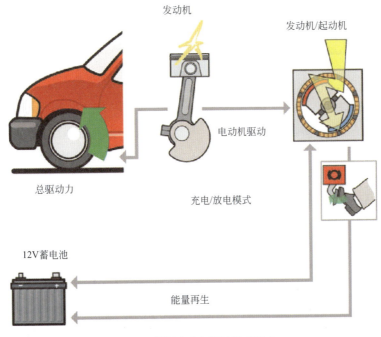

▲ 图2-2 微混合动力系统组成形式

（2）中度混合动力系统

电力驱动用来辅助发动机驱动车辆。车辆无法通过纯电力驱动行驶。利用中度混合动力系统可以在制动时回收更多的动能，并以电能的形式储存在高压蓄电池中。高压蓄电池及电气组件的额定电压和额定功率更高。由于电动机的辅助，发动机可以在最佳的效率范围内启动。这被称为负载点推移。中度混合动力系统组成形式如图2-3所示。

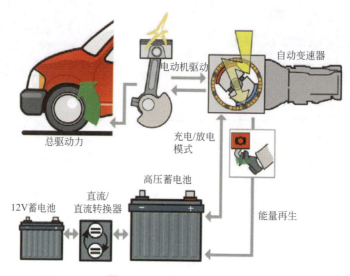

▲ 图2-3 中度混合动力系统

（3）全混合动力系统

这种系统将功率更强的电动机和发动机相结合，可以实现纯电力驱动。一旦达到规定条件，电动机即可辅助发动机的运行。低速行驶时，完全由电力驱动。发动机具备启动、停止功能。回收的制动能量可为高压蓄电池充电。发动机和电动机之间的离合器可以断开这两个系统之间的连接。发动机仅在需要时介入。该种混合动力系统组成形式如图2-4所示。

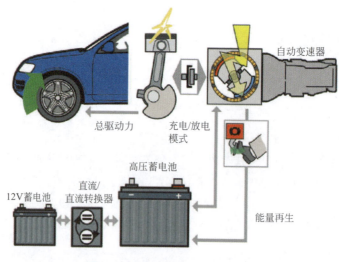

▲ 图2-4 全混合动力系统组成形式

2.1.3 根据混动模式分类

根据混合动力驱动模式，混合动力系统又可以分为以下四类。

（1）串联式混合动力系统

串联式混合动力系统由发动机、发电机和电动机三部分动力总成组成，它们之间用串联方式组成串联式混合动力汽车动力单元系统，发动机驱动发电机发电，电能通过控制器输送到电池或电动机，由电动机通过变速机构驱动汽车。该种驱动结构组成形式如图2-5所示。

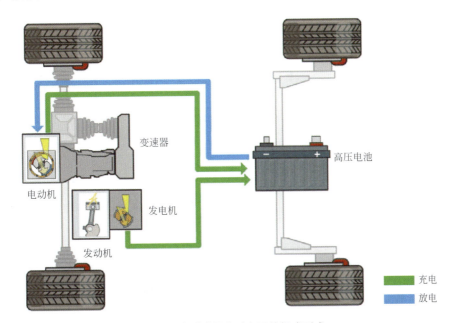

▲ 图2-5 串联式混合动力系统组成形式

（2）并联式混合动力系统

并联式设计的特点是结构简单。这种技术通常用于对已有车辆进行"混合动力化"。发动机、电动机和变速箱安装于一根轴上。并联式混合动力系统通常配有一台电机。发动机和电动机各自输出功率的总和等于总输出功率。这种方案可以保留车辆上大部分的原有零部件。在四轮驱动车辆的并联混合动力设计中，四个车轮的驱动力由托森差速器和分动器传送。该种混动模式组成形式如图2-6所示。

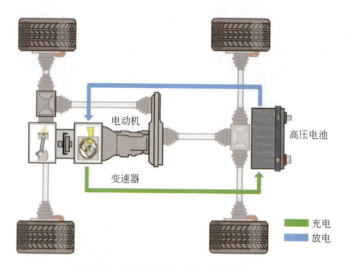

▲ 图2-6　并联式混合动力系统组成形式

（3）混联式混合动力系统

混联式混合动力系统除配有发动机外，还配有一台电动机，二者均安装于前桥上。

驱动力由发动机和电动机共同提供，通过行星齿轮组传递给变速箱。与并联式混合动力系统设计不同，两种形式的动力输出并不能全部传递给车轮。其中一部分动力输出用于驱动车辆，而另一部分则以电能的形式储存在高压蓄电池中。这种混动模式组成形式如图2-7所示。

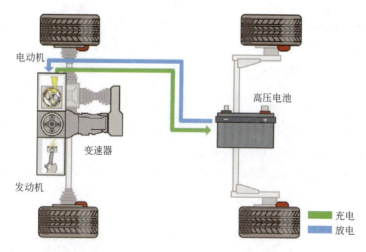

▲ 图2-7　混联式混合动力系统组成形式

（4）混串联式混合动力系统

混串联式混合动力系统是串联与混联两种混合动力系统的结合。车辆拥有一台发动机和两台电动机。发动机和电动机1安装于前桥上，电动机2则安装于后桥上。

这种方案适用于四轮驱动车辆。发动机和电动机1通过行星齿轮组连接至车辆变速箱。同样，在这种情况下，各动力源输出的动力并不全部传递给车轮。后桥上的电动机2会在需要时启动。由于这样的设计，高压蓄电池安装在车辆前、后桥之间。这种混动模式的组成形式如图2-8所示。

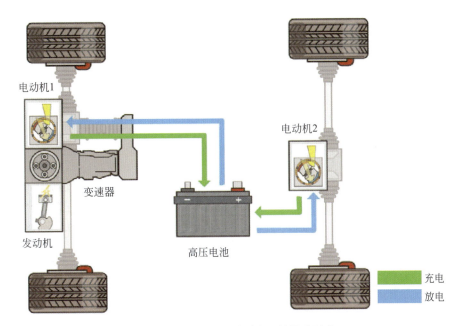

▲ 图2-8　混串联式混合动力系统组成形式

项目2　油电混动车型运行原理

2.2.1　串联式混合动力系统结构原理

在串联式混合动力系统中，电动机转动车轮，发动机利用发电机作为电动机的电源，以奥迪A1 e-tron车型为例，该车型是配备增程器的车辆之一（RXBEV）。它由一个发动机和两个电动机驱动，发动机未配备至驱动桥的机械连接。该车辆仅配备电动驱动。

发动机仅驱动电动机1,其作为发电机使用,并在车辆行驶时对高压蓄电池充电。在该供能下,发动机以高输出和低油耗高效运作。该构造使得车辆行程增加。该高压蓄电池主要由外部充电。

当发动机和电动机1作为交流发电机对车辆进行再充电时,其可被视作备用发电机。除了高压系统,车辆还带有12V车载供电转换器和12V车载供电蓄电池。其组成部件见图2-9。串联式混合动力系统工作模式及运行原理见表2-1。

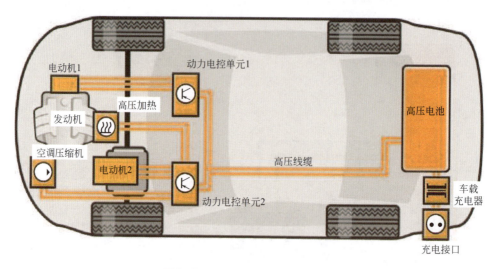

▲ 图2-9 串联式混合动力系统结构

表2-1 串联式混合动力系统工作模式及运行原理

模式	模式说明	能量传递路线
电力驱动	如果高压蓄电池已充电,则车辆由电动机2驱动。便捷用电设备(高压供热系统和高压空调压缩机)和12V车载供电蓄电池通过高压电池供电	发动机关闭;电动机1关闭;动力电控单元1;电动机2作为驱动部件运行;高压电池输出电能

续表

模式	模式说明	能量传递路线
电动驾驶和充电	高压蓄电池缺电，发动机启用，以继续行驶。它驱动电动机1，从而为高压蓄电池充电。电动机2是推进车辆的唯一动力，也是再生性制动的唯一方式	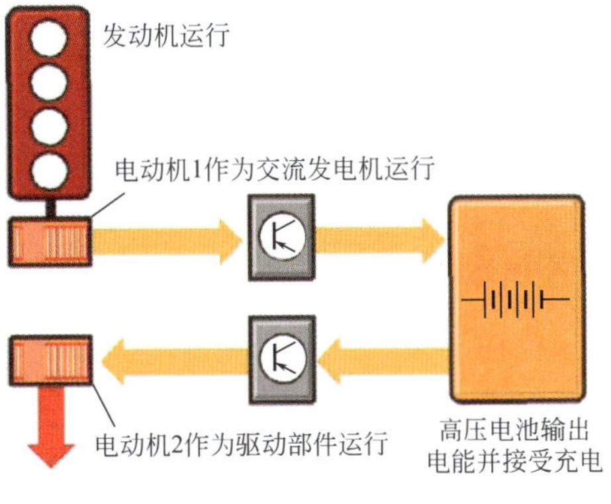 发动机运行；电动机1作为交流发电机运行；电动机2作为驱动部件运行；高压电池输出电能并接受充电
外部充电	高压系统和整个驱动停用。高压蓄电池通过车载充电插头、高压充电器和两个充电保护继电器充电。充电过程由系统自动监控和停止	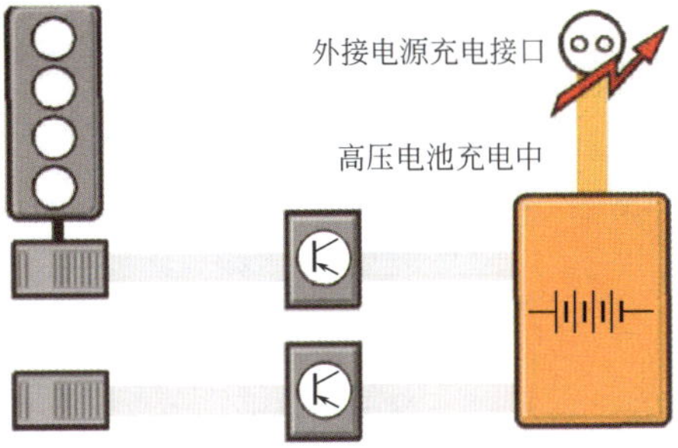 外接电源充电接口；高压电池充电中
车辆静止时充电	没有外部电源对高压蓄电池充电。这种情况下，发动机可在车辆静止时通过电动机1对高压蓄电池充电	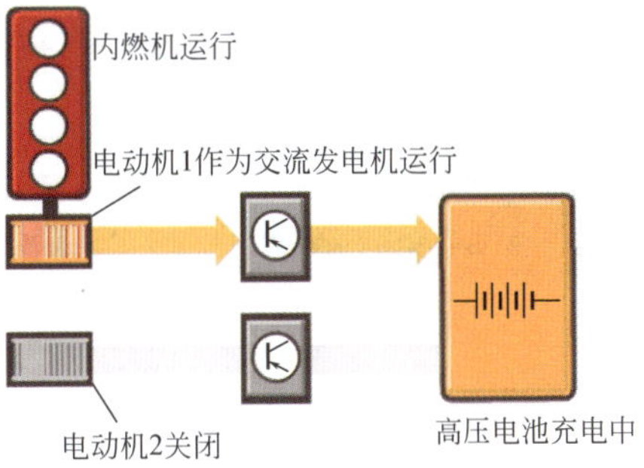 内燃机运行；电动机1作为交流发电机运行；电动机2关闭；高压电池充电中

奥迪A1 e-tron车型高压系统部件分布如图2-10所示、奥迪A3 e-tron车型高压系统部件分布如图2-11所示。

▲ 图2-10 奥迪A1 e-tron增程型电动汽车高压系统部件分布

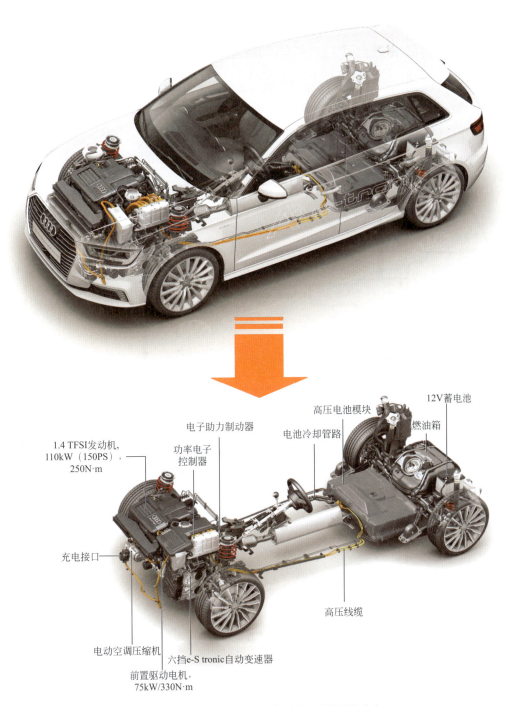

▲ 图2-11 奥迪A3 e-tron车型高压系统部件分布

2.2.2 并联式混合动力系统结构原理

在并联式混合动力系统中,发动机和电动机/发电机均直接转动车轮。在车辆行驶过程中,除了补充发动机的动力外,电动机/发电机还可作为发电机为HV蓄电池充电,也可仅使用电动机/发电机驱动车辆,其组成部件见图2-12。并联式混合动力系统工作模式及运行原理见表2-2。

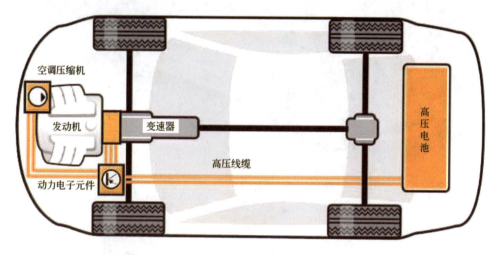

▲ 图2-12 并联式混合动力系统结构

表2-2 并联式混合动力系统工作模式及运行原理

模式	说明	动力传输线路
电动驱动	发动机停用。电动机/发电机驱动车辆。在混合动力车中,所有通常情况下由发动机驱动的功能由不同的高压和12V单元驱动	

续表

模式	说明	动力传输线路
发动机运行	发动机驱动车辆。高压蓄电池充电（根据充电状态）。发动机操作点切换至高效范围	发动机运行；高压电池接受充电；电动机作为交流发电机运行
电力驱动	当发动机有高载荷要求时，电动驱动装置行驶电动机对其进行辅助。发动机和电动机/发电机输出短时间内结合在一起	发动机运行；高压电池输出电能；电动机作为驱动单元运行
再生制动	发动机通常情况下关闭。制动能量通过电动机/发电机（用作交流发电机）转化为电能并储存在高压蓄电池中	发动机关闭；高压电池接受充电；电动机作为交流发电机运行

本田IMA系统是非常典型的并联式混合动力系统，至今已发展到第六代并应用在本田最新的CR-Z、思域、飞度等车型上。以思域为例，IMA并联式混合动力系统如图2-13所示。

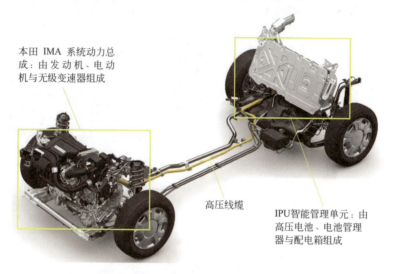

本田 IMA 系统动力总成：由发动机、电动机与无级变速器组成

高压线缆

IPU智能管理单元：由高压电池、电池管理器与配电箱组成

▲ 图2-13　本田IMA并联式混合动力系统

IMA系统由四个主要部件构成，即发动机、电动机、CVT变速箱以及IPU智能动力单元，如图2-14所示。电动机取代了传统的飞轮用于保持曲轴的运转惯性。

▲ 图2-14　思域混合汽车IMA系统组成

IMA系统的IPU智能动力单元是由PCU动力控制单元和电池组成。其中PCU又包括BCM电池监控模块、MCM电机控制模块以及MDM电机驱动模块组成，如图2-15所示。

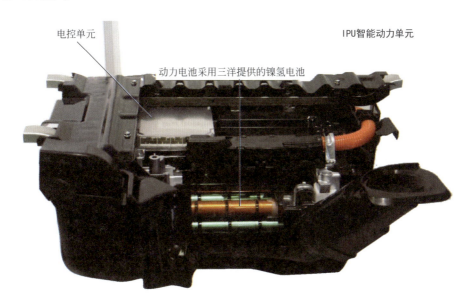

▲ 图2-15 本田思域混合动力汽车IPU模块

GLE 500 e 4MATIC的混合动力变速箱是所谓的P2混合动力系统，系统主要部件如图2-16所示。在P2混合动力系统中，内燃机通过NAK驱动电动机的转子。这种布置可将电动机转数与内燃机的转数分开。除了传统的驱动模式，还提供以下功能或运行模式：发动机启动/停止、能量回收、助力（内燃机的电支持）、纯电动行驶。

纯电动行驶的最高速度可达130km/h。电能储存在一个能源容量为8.8kW·h的锂离子蓄电池中，该蓄电池可外接公共充电站、家里的壁挂式充电盒或普通的220V插座进行充电。

▲ 图2-16

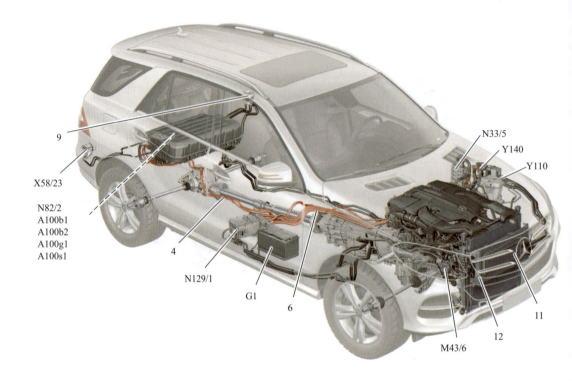

▲ 图2-16 奔驰GLE 500 e 4MATIC车型P2混合动力系统部件

1—充电装置供电插座与充电装置之间的线束（可单独更换）；2—充电器和高电压蓄电池之间的线束；3—DC/DC转换器和高电压蓄电池之间的线束；4—高电压蓄电池和电力电子装置控制单元高电压配电板之间的线束（可单独更换）；5—电力电子装置控制单元高电压配电板；6—电力电子装置控制单元高电压配电板和电动机之间的线束（仅可连同线束8一起更换）；7—电力电子装置控制单元高电压配电板和高电压PTC加热器（N33/5）之间的线束（可单独更换）；8—电力电子装置控制单元高电压配电板和电动制冷剂压缩机之间的线束（仅可连同线束6一起更换）；9—低温回路2膨胀容器；10—热交换器；11—低温回路2散热器；12—低温回路1散热器；A79/1—电动

模块2 混合动力汽车初探

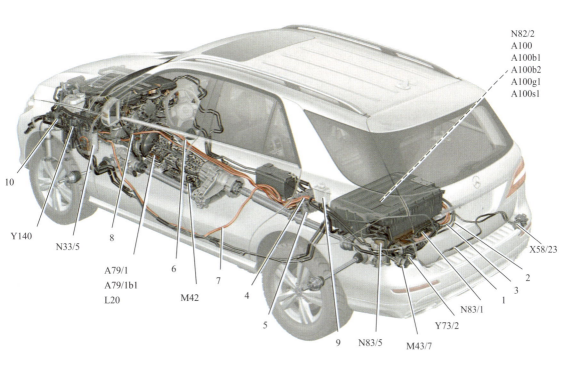

机；A79/1b1—电动机温度传感器；A100—高电压蓄电池模块；A100b1—高电压蓄电池冷却液入口的温度传感器；A100b2—高电压蓄电池单元的温度传感器；A100g1—高电压蓄电池；A100s1—接触器；G1—车载电气系统蓄电池；L20—电动机转子位置传感器；M42—电动变速箱油泵；M43/6—低温回路循环泵1；M43/7—低温回路循环泵2；N33/5—高电压PTC加热器；N82/2—蓄电池管理系统控制单元；N83/1—DC/DC转换器控制单元；N83/5—车载充电装置；N129/1—电力电子装置控制单元；X58/23—充电装置供电插座；Y73/2—低温回路转换阀2；Y110—高电压蓄电池冷却装置膨胀阀；Y140—高电压蓄电池冷却装置转换阀

如图2-17所示为奔驰新款C级插电式混合动力（PLUG-IN HYBRID）C350车型混合动力部件。该系列混合动力驱动采用P2混合动力系统模式。

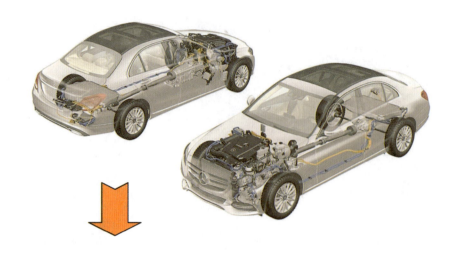

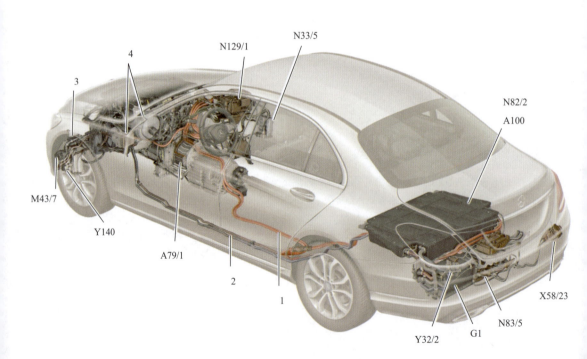

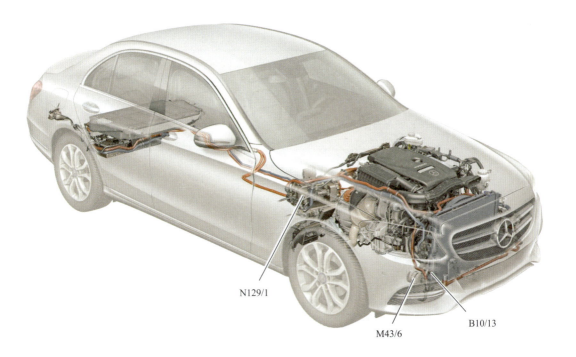

▲ 图2-17　奔驰C350 PHEV（W205）车型混合动力部件位置

1—高电压电缆；2—冷却液管路；3—热交换器；4—再生制动系统［制动助力器和电控车辆稳定行驶系统（ESP）控制单元］；A79/1—电动机；A100—高电压蓄电池模块（蓄电池、接触器、冷却液入口的温度传感器、高电压蓄电池单元温度传感器）；G1—车载电网蓄电池；M43/7—低温回路循环泵2；N33/5—高电压正温度系数（PTC）辅助加热器；N82/2—蓄电池管理控制单元；N83/5—充电器（车载充电器）；N129/1—电力电子装置控制单元；X58/23—充电装置供电插座；Y32/2—低温回路转换阀2；Y140—高电压蓄电池冷却转换阀；B10/13—低温回路温度传感器；M43/6—低温回路循环泵1

表2-3为该系统的相关技术参数。

表2-3 奔驰C350 PHEV车型混合动力系统的相关技术参数

项目	技术参数
混合动力方案	并联（P2）
高电压蓄电池种类	锂离子电池（88个单元）
高电压蓄电池电量	6.2kW·h
高电压蓄电池电压额定值	290V
最大输出功率	约60kW，持续10s/50kW，恒定
电动机扭矩	340N·m
电动行驶	最高车速130km/h（在航行模式下为160km/h）
纯电动运行的行驶距离	约30km

路虎Land Rover混合动力电动汽车（HEV）是配备单轴并联式驱动系统的全混合动力车辆，两个动力源串联布置到一个单轴内。轴在旋转时向变速器提供驱动。系统主要部件分布如图2-18所示。

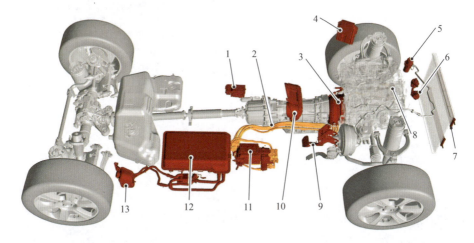

▲ 图2-18 路虎揽胜HEV系统主要部件分布图

1—全地形反馈适应系统开关组；2—高压线缆；3—电动—发电机（MG）；4—ECM—包含车辆监控控制器（VSC）；5—电动真空泵（EVP）；6—电动水泵；7—中间温度冷却电路冷却器；8—空调电压缩机（eAC）；9—带位置传感器的制动踏板；10—仪表盘；11—电力变频转换器（EPIC）；12—高压蓄电池（HVB）；13—蓄电池冷却电路脱气罐

英菲尼迪混合动力车型使用直接响应混合动力系统。该系统是由一个电动机、两个离合器组成的并联混合动力系统。以QX60车型为例，系统主要组成部件如图2-19所示。

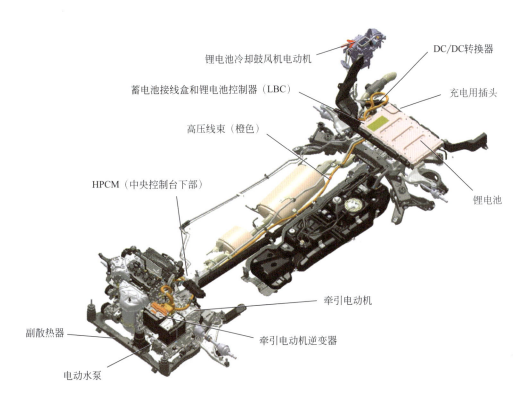

▲ 图2-19 英菲尼迪QX60混合动力系统主要部件位置

2.2.3 混联式混合动力系统结构原理

以大众混合动力驱动系统为例，图2-20所示为高尔夫6双驱PHEV插电式混合动力车型结构示意图。驱动系统主要由发动机、混合动力车辆传动桥总成、带转换器的逆变器总成和HV蓄电池组成，采用混联式混合动力系统。载有两个电动机。其中一个电动机专门用作交流发电机或启动电动机，另一个电动机用作电动机和交流发电机。两个电动机和发动机通过离合器相互连接。

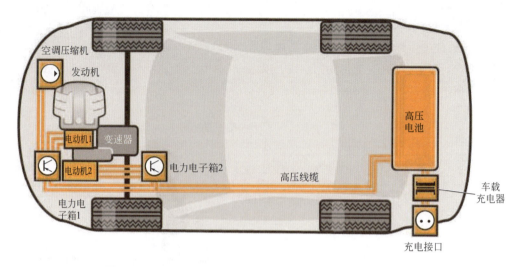

▲ 图2-20　高尔夫6双驱PHEV插电式混合动力车型结构示意图

串联式混合动力系统的工作模式及运行原理如表2-4所示。

表2-4　串联式混合动力系统的工作模式及运行原理

模式	模式说明	能量线路
电动驱动	发动机停用。车辆由电动机1驱动。高压蓄电池通过动力电子元件1供能	
序列驱动	电动机2启动发动机。之后电动机2作为交流发电机运行并向高压蓄电池供能。该电动机提供能量，从而电动机1可电动驱动车辆。这种运行模式是个例外	

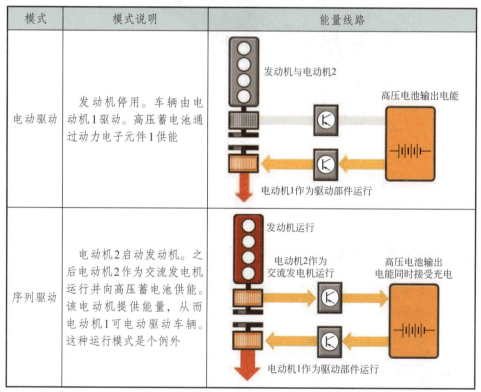

续表

模式	模式说明	能量线路
联合驱动	发动机和电动机使车辆加速。该供能取决于高压蓄电池的充电状态	发动机运行；电动机2作为驱动部件运行；高压电池输出电能；电动机1作为驱动部件运行
发动机驱动	如果高压蓄电池完全失电，则不再允许电动驾驶。在这种情况下，车辆使用发动机驱动，同时使用电动机2产生的额外能量对高压蓄电池充电	发动机运行；电动机2作为交流发电机运行；高压电池接受充电；电动机1关闭
耦合驾驶和充电	驾驶者计划的路线可能要求发动机驱动车辆，同时，额外的能量用于给高压蓄电池充电	发动机运行；电动机2作为交流发电机运行；高压电池输出电能的同时接受充电；电动机1作为驱动部件运行
再生制动	离合器接合时，两个电动机可用于再生性制动。车辆减速产生的能量可通过这两个动力电子元件转换成直流电压，并立刻存储在高压蓄电池中	发动机运行；电动机2作为交流发电机运行；高压电池接受充电；电动机1作为交流发电机运行

续表

模式	模式说明	能量线路
外插充电	在从外部电源充电过程中,高压系统处于备用模式。 电动机和动力电子元件停用。充电电缆通过充电触电连接至车辆。当控制单元识别用于为高压蓄电池充电的电源时,两个充电保护继电器关闭。 充电过程开始。一旦达到要求的容量时,充电过程停止。充电过程中启用的用电设备由外部充电电源供电	外部充电连接插座 发动机和电动机2关闭 高压电池充电中 电动机1关闭

奥迪Q7 e-tron车型便是一款混联式混动汽车,该车主要部件组成如图2-21所示。

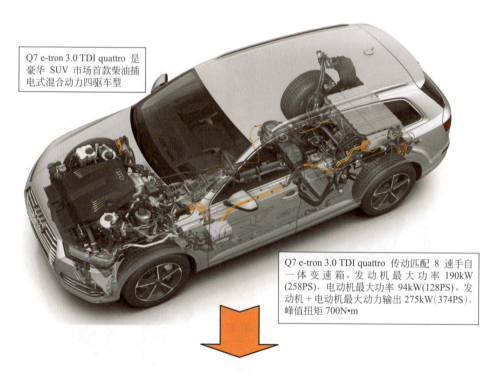

Q7 e-tron 3.0 TDI quattro 是豪华 SUV 市场首款柴油插电式混合动力四驱车型

Q7 e-tron 3.0 TDI quattro 传动匹配 8 速手自一体变速箱。发动机最大功率 190kW(258PS),电动机最大功率 94kW(128PS)。发动机+电动机最大动力输出 275kW(374PS),峰值扭矩 700N·m

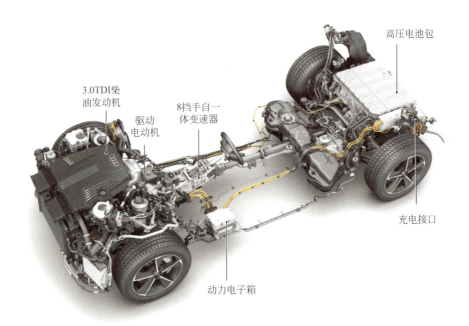

▲ 图2-21 奥迪Q7 e-tron柴油插电式混合动力车型主要部件组成

通用雪佛兰迈锐宝XL、君越30H这两款全混车型采用了相同的动力总成。通用智能电驱系统是它们的核心部件，见图2-22。

▲ 图2-22 通用用于全混车型的智能电驱系统拆解零件

采用单电动机方案,意味着发动机和电动机之间要么是串联,要么是并联,只能二选一,混动系统的工作模式比较少。采用双电动机方案,则发动机和电动机之间是混联,既可以串联,又可以并联。通用的智能电驱系统采用的是双电动机方案。以雪佛兰迈锐宝XL车型为例,该车混动系统主要部件组成如图2-23所示。雪佛兰沃蓝达PHEV车型混动部件如图2-24所示。

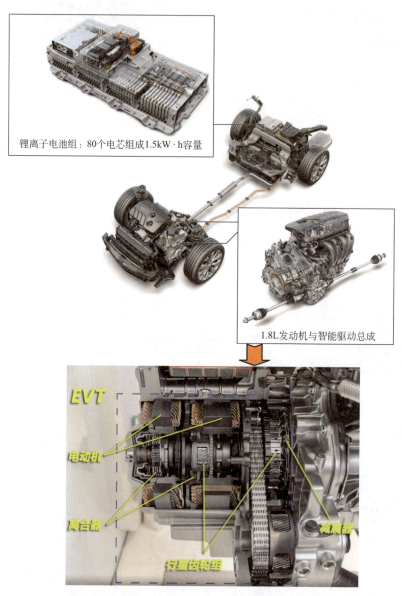

▲ 图2-23 雪佛兰迈锐宝XL全混动车型主要部件组成

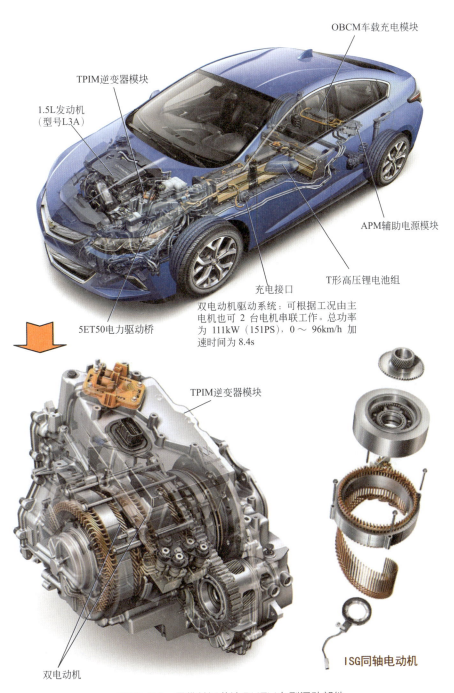

▲ 图2-24 雪佛兰沃蓝达PHEV车型混动部件

宝马X1 xDrive 25Le（开发代码：F49 PHEV）是一款第3代宝马混动汽车。F49 PHEV是一款我国本土生产并配备锂离子蓄电池的插电式混动汽车。宝马X1 xDrive 25Le在纯电力驱动条件可以行驶60km左右。宝马X1 xDrive 25Le的驱动系统包括双排气涡轮增压技术（B38A15M0）3缸汽油发动机、前驱动轮上的6速自动换挡装置（AISIN F21 250FT）以及驱动后驱动齿轮的电动机。宝马X1 xDrive 25Le是一款全混动汽车，配备锂离子高压蓄电池单元，该装置可以通过家用插座进行充电。该车混动系统主要部件组成如图2-25、图2-26所示。

▲ 图2-25　F49 PHEV驱动系统主要部件

1—3缸汽油发动机；2—6速自动变速箱；3—高压启动器电动发电机；4—高压蓄电池单元；5—加压油箱（35L）；6—电动机；7—电机电子装置（EME）；8—减速装置；9—便捷充电电子装置KLE

▲ 图 2-26　F49 PHEV 高压组件的安装位置

1—电动空调压缩机（EKK）；2—高压启动电动发电机（HV—SGR）；3—电气加热装置 EH；4—充电插座；5—高压蓄电池单元；6—电动机（EM）；7—电动机电子装置（EME）；8—便捷充电电子装置 KLE

丰田混合动力系统英文缩写为 THS（Toyota Hybrid System）。丰田三代 THS 系统发展历程如下。

1997 年丰田公司开发出一代丰田混合动力系统，并安装使用在丰田普锐斯车型。当时的电动机使用电压为 274V。

2003 年 4 月，丰田公司开发出第二代混合动力系统即 THS-Ⅱ，该系统使用在丰田普锐斯车型上，该系统组成部件如图 2-27 所示。2005 年 12 月普锐斯在我国长春下线，此时的电动机工作电压达到了 500V，并装备 1.5L 的 1NZ-FXE 发动机配合电动机工作。第二代丰田混合动力系统比第一代在汽车的提速方面有明显的改进。

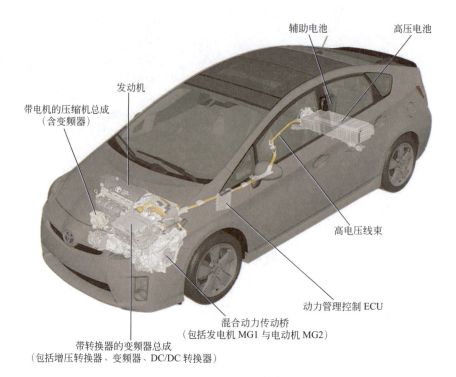

▲ 图2-27 普锐斯（THS-Ⅱ）混合动力系统组成部件

2009年4月，丰田在普锐斯车型上安装了第三代混合动力系统。发动机排量改进为1.8L。在我国国内装备5ZR-FXE发动机，国外装备2ZR-FXE发动机，并将电动机工作电压进一步提升到650V。同时采用电子水泵，空调压缩机电压提升到244.8V，并增加ECO和POWER模式以改善二代混合动力系统的提速性。

2.2.4 车桥独立式混合动力系统

宝马i8（研发代码I12）采用了全新开发的驱动装置。这种创新型驱动方案在车上组合使用了两种高效的驱动装置。由一个高效的3缸汽油发动机配合一个6挡自动变速箱进行后桥驱动，由一个电动机配合一个2挡手动变速箱进行前桥驱动，驱动部件分布如图2-28所示。两个驱动装置的巧妙配合使得I12同时兼具了跑车的动力性能和紧凑型轿车的效率。

这种在宝马上首次采用的车桥混合动力形式在没有附加组件的情况下实现了可独立调节的四轮驱动系统。前部和后部驱动力矩相互协调可确保传动系统的高效性能，可根据不同行驶情况进行具体调节。

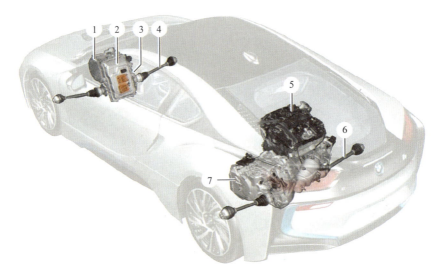

▲ 图2-28 宝马i8全驱电动汽车驱动部件分布

1—电动机；2—电机电子装置EME；3—2挡手动变速箱；4—右侧前桥半轴；5—发动机；6—右侧后桥半轴；7—自动变速箱

采用车桥混合动力时，对车辆各车桥进行独立驱动。路面是两车桥间唯一的联系。驱动车辆时，不仅可以单独，而且也可以同时使用两种传动系统。高压电池电量充足时可通过电动驱动装置以零排放和低噪声方式行驶较长距离。采取相应设计的发动机在配合电动驱动装置使用的情况下也可实现较长可达里程并可在低油耗的情况下实现运动型驾驶方式。宝马i8高压系统部件分布如图2-29所示，前后驱动系统传动机构部件如图2-30所示。

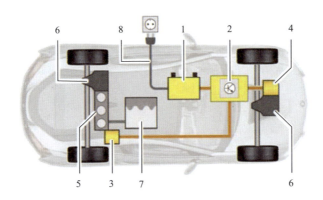

▲ 图2-29 宝马i8高压系统部件分布

1—高电压蓄电池；2—供电电子装置；3—增程电动机或高电压启动发电机；4—电动机；5—发动机；6—变速箱；7—燃油箱；8—电源插头

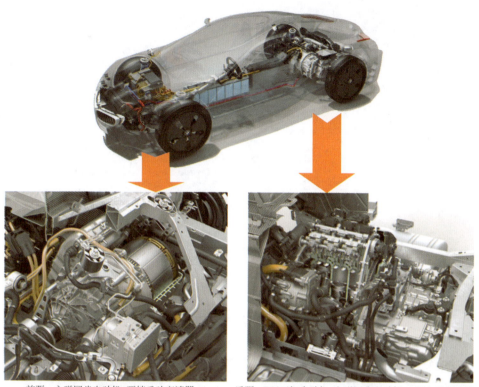

前驱：永磁同步电动机+两挡手动变速器　　　　后驱：B38三缸发动机+永磁同步电动机+6AT自动变速器

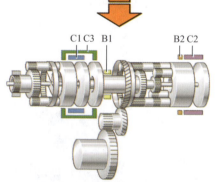

1—PLCD传感器；2—换挡拨叉；3—变速箱输入轴；4—1挡齿轮组；5—中间轴；6—差速器；7—通风装置；8—2挡齿轮组；9—换挡执行机构

B1—制动带（锁止后部行星齿轮组的前部太阳轮）；B2—制动离合器（锁止后部行星齿轮组的行星齿轮架）；C1—驱动离合器（连接前部行星齿轮组的行星齿轮架与后部行星齿轮组的后部太阳轮）；C2—驱动离合器（连接中间轴与后部行星齿轮组的行星齿轮架）；C3—驱动离合器（连接前部行星齿轮组的行星齿轮架与后部行星齿轮组的前部太阳轮）

▲ 图2-30　i8前后驱动系统传动机构部件

项目3　油气混合车型原理

2.3.1　CNG双燃料车型定义

双燃料驱动是指车辆的发动机可以使用两种不同类型的燃料来提供动力。能够同时使用化石燃料和可再生燃料（柴油/生物柴油）或同时使用液态燃料及气态燃料（汽油/天然气/液化石油气）的系统已为我们所熟知，且在市场上越来越常见，如图2-31所示。

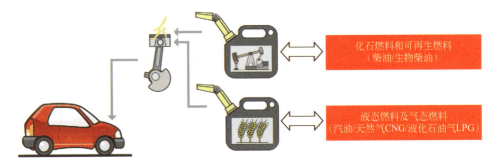

▲ 图2-31　双燃料混合驱动汽车

天然气的主要成分是甲烷（CH_4），其余为乙烷、丙烷、丁烷及少量其他物质。其特点与液化石油气（LPG）类似，热值高、抗爆性能好、着火温度高。另外，还有混合气发火界限高，适于稀燃的性能。

由于压缩天然气（CNG）在汽车上与空气混合时同为气态，与汽油、柴油相比，混合气更均匀，燃烧也更完全。因此，天然气汽车比使用普通燃料（如汽油或柴油）汽车的一氧化碳排放量要低得多。

与汽油相比，燃料成本可节约30%以上，与LPG相比，燃料成本节约25%，与汽油价格相比，天然气的价格更稳定。天然气系统维护成本较低。

天然气是一种洁净的能源，其主要成分是甲烷，燃烧后主要生成物为二氧化碳和水。与汽油车相比，其尾气排放中CO下降约75%，HC下降约60%，NO_x下降约75%，SO_2下降约70%，CO_2下降约25%，微粒排放下降约40%，铅化物可降低100%。

2.3.2 CNG车型系统结构

压缩天然气、汽油两用燃料汽车（CNG汽车），是采用定型的汽油汽车改装，在保留原车供油系统的基础上，增加一套"车用压缩天然气装置"，可燃用压缩天然气，也可燃用汽油，油气两种燃料转换非常方便。车用压缩天然气装置由以下三个系统组成（见表2-5）。

① 天然气储气系统：主要由充气阀、高压截止阀、天然气储气瓶、高压管线、高压接头、压力传感器及气量显示器等组成。

② 天然气供给系统：主要由天然气滤清器、减压调节器、动力调节阀、混合器等组成。

③ 油气燃料转换系统：主要由油气燃料转换开头、天然气电磁阀、汽油电磁阀等组成。

表2-5 车用压缩天然气装置三大系统

三大系统	组成部分
天然气储气系统	指储存CNG的装置，主要由天然气储气瓶、气量显示器、压力表、充气阀、压力传感器、高压管线等组成
天然气供给系统	主要由天然气滤清器、减压调节器、动力调节器、混合器等组成
油气燃料转换系统	指根据用户需求随时切换燃料，并能根据发动机工况调整CNG供给量的装置，主要由油气燃料转换开关、ECU电子控制单元、燃油及CNG电磁阀、喷射阀共轨及相关线束组成

2.3.3 CNG车型工作原理

当使用天然气作燃料时，储气瓶内20MPa的压缩天然气经管道进入过滤器去杂质后，进入减压器逐步减压到常压左右，进入混合器并与来自空气滤清器的空气混合一同经进气通道进入气缸燃烧。

油路中安装一个汽油电磁阀，其余部件均保留不变，当使用汽油时，汽油电磁阀打开，汽油通过该阀进入进气口并被吸入汽缸燃烧。CNG车型工作原理示意图如图2-32所示。

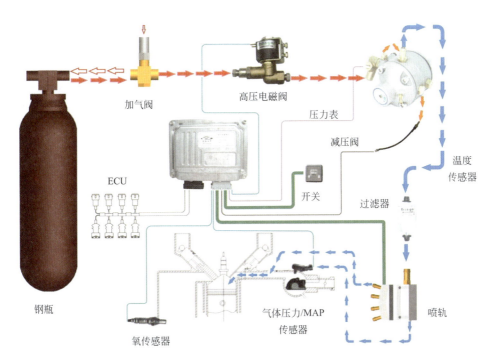

▲ 图2-32 CNG车型工作原理

03 模块3 纯电动汽车结构原理

项目1　纯电动汽车基本结构

3.1.1　通用型纯电动汽车基本结构

电动汽车的整个驱动系统包括：

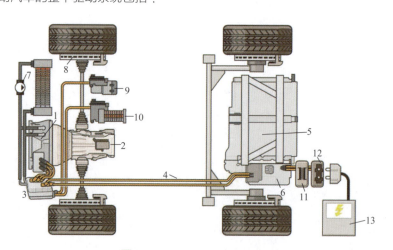

▲ 图3-1　纯电动汽车部件布置

1—电动机/发电机；2—带差速器的变速箱；3—动力电子元件；4—高压线缆；5—高压蓄电池；6—电子设备盒，带控制单元，用于蓄电池管理；7—冷却系统；8—制动系统；9—高压空调压缩机；10—高压供热器；11—蓄电池充电器；12—用于外部充电的充电触点；13—外部充电电源

- 高压蓄电池，带控制单元，用于蓄电池管理和必要的充电器；
- 电动机/发电机，带电动控制（动力电子元件）和冷却系统；
- 变速箱，包括差速器；
- 制动系统；
- 用于车内的高压空调。

以前驱车型为例，图3-1为纯电动汽车部件布置图。

3.1.2 常见电动汽车高压部件

以宝马i3为例，该车上的大量高电压组件一方面用于驱动车辆，另一方面用于执行一些舒适功能。图3-2为该电动车型的高压系统部件介绍。

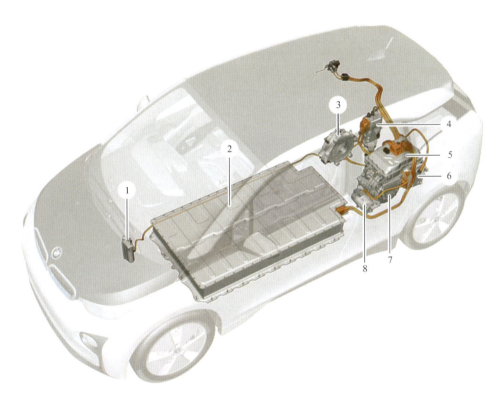

▲ 图3-2 宝马i3高压系统部件分布

1—电气加热装置；2—高电压蓄电池；3—增程电动机；4—增程电动机电子装置；
5—电动机电子装置；6—便捷充电电子装置；7—电动机；8—电动制冷剂压缩机

奔驰B级Electric Drive纯电动车是奔驰与Tesla（特斯拉）合作推出的全电力驱动车型。这款B级Electric Drive纯电动车在2013年纽约国际车展亮相，于2014年在美国市场首推。该车配备一台可以输出100kW（136PS）功率的电动机，扭矩峰值可达到310N·m。该车在电池满电时续航里程为200km，并且可通过1h的快速充电来获得100km的续航能力。性能方面，该车从0~100km/h的加速时间将控制在10s以内，极速为160km/h。该车主要高压部件组成如图3-3所示。

▲ 图3-3　奔驰B级电动汽车高压部件组成

捷豹首款纯电动跑车型SUV—I-PACE的前后轴分别各由一台捷豹自主研发设计的同轴永磁电动机驱动。每台同轴永磁电机均匹配一部小型单速变速箱和差速器，可将扭矩精准分配至四个车轮，使I-PACE不断调整前后平衡，以适应不同路况。先进的81kW·h液冷式锂离子电池组，一次充电可续航500km（新欧洲行驶工况标准）。使用直流电（100kW）高速充电桩，汽车可在40min内将电池从0充至80%，而充电15min即可实现100km续航里程。该车高压系统部件分布如图3-4所示。

模块3
纯电动汽车结构原理

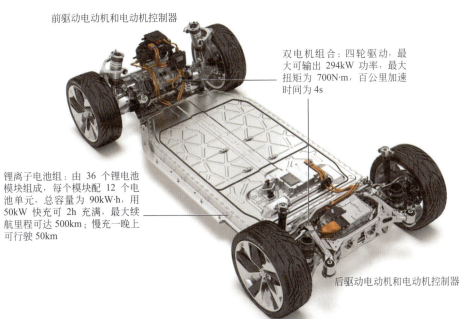

前驱动电动机和电动机控制器

双电机组合：四轮驱动，最大可输出 294kW 功率，最大扭矩为 700N·m，百公里加速时间为 4s

锂离子电池组：由 36 个锂电池模块组成，每个模块配 12 个电池单元，总容量为 90kW·h，用 50kW 快充可 2h 充满，最大续航里程可达 500km；慢充一晚上可行驶 50km

后驱动电动机和电动机控制器

▲ 图3-4 捷豹I-PACE纯电动汽车高压系统部件分布

奥迪e-tron的名字由英文"Electron（电子）"演变而来，是奥迪电动技术和电动车型的标志。概念车型高压系统部件分布如图3-5所示，R8e-tron车型高压系统部件组成见图3-6。

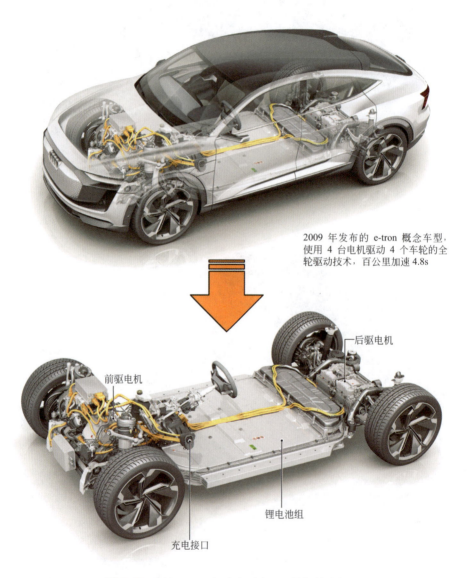

2009年发布的e-tron概念车型，使用4台电机驱动4个车轮的全轮驱动技术，百公里加速4.8s

▲ 图3-5 奥迪e-tron概念车型高压系统部件分布

▲ 图 3-6　奥迪 R8 e-tron 电动跑车高压系统部件组成

项目2　纯电动汽车基本原理

3.2.1　纯电动汽车系统组成

电动车的基本结构主要可分为三个子系统，即主能源系统（电动源）、电力驱动系统、能量管理系统。其中电力驱动系统又由电控系统、电动机、机械传动系统和驱动车轮等部分组成，主能源系统又由主电源和能量管理系统构成，能量管理系统是实现电源利用控制、能量再生、协调控制等功能的关键部件。电力驱动及控制系统是电动汽车的核心，也是区别于发动机汽车的最大不同点。

电动汽车的工作原理：蓄电池→电流→电力调节器→电动机→动力传动系统→驱动汽车行驶。

纯电动汽车，相对燃油汽车而言，主要差别（异）在于四大部件，驱动电动机、调速控制器、动力电池、车载充电器。如图 3-7 所示为特斯拉电动汽车 MODEL S 车型结构。

▲ 图3-7 特斯拉MODEL S车型结构

与内燃汽车相比，电动汽车的特点是结构灵活。内燃汽车的主要能源为汽油和柴油，而电动汽车是采用电力能源，由电动源和电动机驱动的，电力驱动及控制系统是电动汽车的核心，也是区别于发动机汽车的最大不同点。传统内燃汽车的能量是通过刚性联轴器和转轴传递的，而电动车的能量是通过柔性的电线传输的。因此，电动汽车各部件的放置具有很大的灵活性。

3.2.2 纯电动汽车运行原理

以大众高尔夫BEV纯电动汽车为例，这是一款不装载发动机的纯电动车。除了通过再生性制动充电的蓄电池，高压蓄电池只能通过一个充电站、230V的电源插座或连接至公共充电站的充电电缆进行外部充电。除了高压系统，车辆还带有12V车载供电和12V车载供电蓄电池。85kW电动机/发电机通过一个减速箱和差速器将输出传导至驱动轮。车辆驱动单元与高压系统部件分布如图3-8所示。纯电动汽车工作模式及运行原理见表3-1。

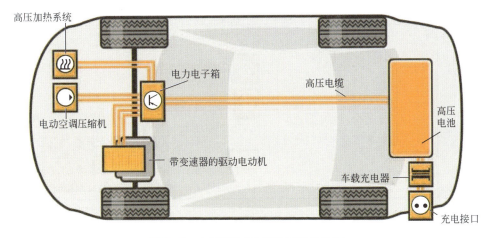

▲ 图3-8 车辆驱动单元和高压部件分布

表3-1 纯电动汽车工作模式及运行原理

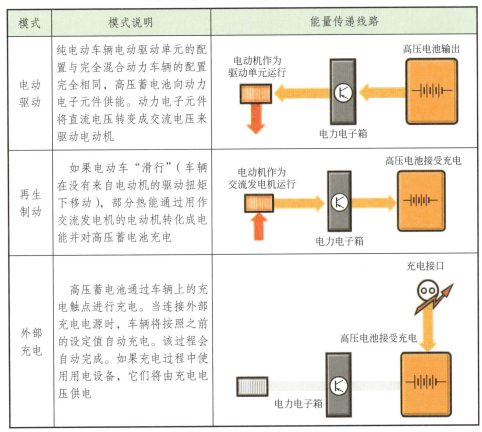

模式	模式说明	能量传递线路
电动驱动	纯电动车辆电动驱动单元的配置与完全混合动力车辆的配置完全相同，高压蓄电池向动力电子元件供能。动力电子元件将直流电压转变成交流电压来驱动电动机	
再生制动	如果电动车"滑行"（车辆在没有来自电动机的驱动扭矩下移动），部分热能通过用作交流发电机的电动机转化成电能并对高压蓄电池充电	
外部充电	高压蓄电池通过车辆上的充电触点进行充电。当连接外部充电电源时，车辆将按照之前的设定值自动充电。该过程会自动完成。如果充电过程中使用用电设备，它们将由充电电压供电	

续表

模式	模式说明	能量传递线路
车辆温度控制	如果电动车处于交通阻塞中，则无需电动机/发电机输出能量。高压供热系统和高压空调压缩机将满足乘员们的舒适性需求	高压暖风系统；高压空调压缩机；高压电池输出电能

04 模块4 电池与电源管理系统

项目1　电池构造与原理

4.1.1　电池的特性与分类

电池为蓄电池的简称，本书中的高压电池一般指可充电的、为高压部件提供电源的大容量蓄电池。

蓄电池是电动车的心脏。高压蓄电池通过电源插头等进行外部充电。它向动力电子单元直接供电。

动力电子单元将直流电压转化为交流电压并通过三条线路（U、V和W）向电动机/发电机供应三相交流电。在电动机驱动下电动车开始运行。

高压蓄电池是专门用来向电动机/发电机供电的可充电蓄电池。高压蓄电池典型电子数据（如标称电压、效率和能量密度）取决于用于能量存储媒介内部配置的化学物质的种类。

如果将锌棒和铜棒分别置于不同容器适当的电解溶液中，则两种金属会以不同速度向电解质中释放离子，电子将留在金属棒上。在一个容器中，溶液中有很多带正电的锌离子，锌棒上则留有许多电子。在另一个容器中，溶液中仅有少量正极铜离子，铜棒上也只有少量电子。如果现在将两个容器用离子桥相互连接起来，则会因不同的离子浓度而发生电荷交换。由于锌棒上聚集了过量电子，因此它将作为正极，而铜棒将作为负极。由于电子浓度不同，因此两者之间的电压可测。

如果使用导线连接两个电极，则电子会从正极流向负极。该构造通常被称作原电

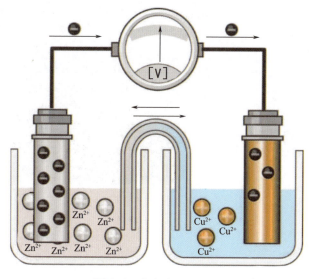

▲ 图4-1 蓄电池工作原理

池,是蓄电池最简单的形式。如果能量从蓄电池中释放,则正极转为负极。在可充电蓄电池中,相同的电极可作为正极或负极交替工作,取决于蓄电池正在充电还是正在放电。蓄电池工作原理如图4-1所示。

可充电蓄电池通过电极和电解质使用的材料进行分类。最常见的可充电蓄电池为铅酸、镍镉、镍氢和锂离子蓄电池等。我们将在表4-1简要介绍这些蓄电池及其主要特征。

表4-1 几种常见的可充电蓄电池及其主要特征

蓄电池分类	特性描述	优点	缺点
铅酸电池	传统的12V车辆电子系统蓄电池。电极板使用铅和铅/铅氧化物制造。电解质是硫酸	—	铅酸蓄电池需要维护,这意味着需要加满蒸馏水以确保必要的电解质液位。铅酸蓄电池并不十分适合为纯电动车供能,因为它们相对其体积而言非常重,因此占据了车辆的大量空间。这会降低电动车的承载能力。在某些情况下,铅酸蓄电池使用6年后就会损失大部分电容。如果损坏,电解质(酸)会泄漏

续表

蓄电池分类	特性描述	优点	缺点
镍镉电池	这些蓄电池的电极采用镉（Cd）和镍合金制造。电解质为氢氧化钾溶液。因此该类蓄电池也被称作碱性电池	它们较铅酸蓄电池具有更高的能量密度，不易于损坏及发生电解质泄漏	镍镉蓄电池受记忆效应限制，无法完全应对深度放电或过度充电。因此，它不够高效。镉及镉化合物是有毒的
镍氢电池	这类蓄电池的电极采用镍化合物和另一种金属的化合物制造。电解质为氢氧化钾	它们较镍镉蓄电池拥有更高的能量密度，抗损伤程度更高。即使镍镉蓄电池不存在记忆效应，该类蓄电池也会在使用寿命中损失效率。这种效率损失在某种程度上是可逆的。镍氢蓄电池的一项优势：它们不含任何有毒重金属，如铅或镉。蓄电池中的电解质以固体形式存在。即使壳体破损，只会有少量液滴流出	—
锂离子电池	这是使用锂化合物作为其内部结构的新一代蓄电池。各种锂-金属氧化物和石墨被用来制造电极。锂盐的不同溶剂构成了电解质。锂离子蓄电池仅含少量水，没有记忆效用	与镍镉蓄电池相比，锂离子蓄电池的能量密度是其两倍还多。这意味着这种蓄电池在电动车中占用的空间更小，从而为乘员和行李箱留下了更大空间。快速充电（锂离子半径小）。无记忆效用	—

续表

蓄电池分类	特性描述	优点	缺点
燃料电池	燃料电池是对交替驱动的一项发展。根据能量转换定律，燃料电池中发生的将化学能转换为电能的过程与发动机中的过程相似。燃料电池将"燃料"转换为输出的过程更加直接。因此，燃料电池的效率较发动机的效率更高。所以可以把燃料电池视作马达。 在发动机中，通过燃烧将储存在燃料分子中的化学能转化为热能。由此产生的热能可用于驱动变速箱或供给交流发电机。在发动机中，大量能量由于摩擦转化为热能。在燃料电池中，化学能转化为电能。与发动机不同，无需额外的交流发电机进行发电。使用的燃料是工业氢，它通过与空气中的氧气作用在燃料电池中变成水。氢比燃料中碳氢化合物所含的能量要少，但是氢更容易燃烧，且在能量转换过程中能量损耗小。此外，与发动机不同，燃料电池不会产生燃烧残渣或有害废气	—	—

4.1.2 锂离子电池

4.1.2.1 磷酸铁锂电池

磷酸铁锂电池全名是磷酸铁锂锂离子电池，由于其性能特别适于作动力方面的应用，故多称为磷酸铁锂动力电池，也有把它称为"锂铁（LiFe）动力电池"的。磷酸铁锂动力电池是用磷酸铁锂（$LiFePO_4$）材料作电池正极的锂离子电池，它是锂离子电池家族的新成员。目前用作锂离子电池的正极材料主要有$LiCoO_2$、$LiMn_2O_4$、

$LiNiO_2$及$LiFePO_4$。这些组成电池正极材料的金属元素中,钴(Co)最贵,并且存储量不多,镍(Ni)、锰(Mn)较便宜,而铁(Fe)最便宜。

$LiFePO_4$电池的内部结构如图4-2所示。左边是橄榄石结构的$LiFePO_4$作为电池的正极,由铝箔与电池正极连接,中间是聚合物的隔膜,它把正极与负极隔开,但锂离子Li^+可以通过,而电子e^-不能通过,右边是由碳(石墨)组成的电池负极,由铜箔与电池的负极连接。电池的上下端之间是电池的电解质,电池由金属外壳密闭封装。$LiFePO_4$电池在充电时,正极中的锂离子Li^+通过聚合物隔膜向负极迁移;在放电过程中,负极中的锂离子Li^+通过隔膜向正极迁移。锂离子电池就是因锂离子在充放电时来回迁移而命名的。

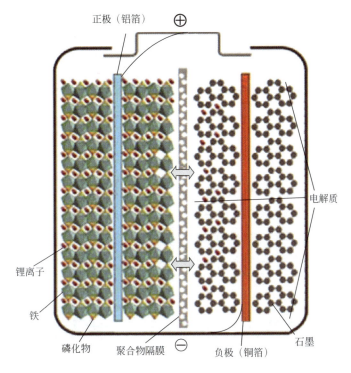

▲ 图4-2 $LiFePO_4$电池内部结构

以比亚迪F3DM电动汽车为例,该车型动力电池包共有10个模组,每个模组10个单体,电压采样线101条,温度采样线110条,正负极母线各1条,托盘1个,压条若干。内部结构见图4-3。

电池包参数:每个单体3.3V,电池包标称电压330V,容量45A·h,一次充电15kW·h。

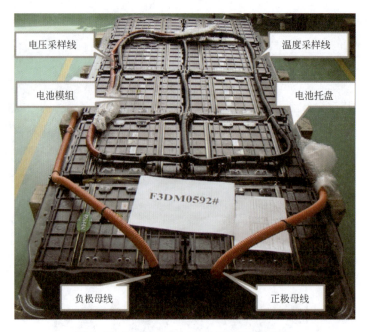

▲ 图4-3 比亚迪F3DM动力电池包内部结构

动力电池系统是电动汽车主要动力能源之一，它为整车驱动和其他用电器提供电能。

比亚迪秦的动力电池系统由10个动力电池模组、10个动力电池信息采集器、动力电池串联线、动力电池支架、动力电池包密封罩、动力电池采样线等组成，相比2014款，动力电池包把模组内部的继电器保险外挂，继电器由4个减少为1个，保险1个。10个动力电池模组中各有14～18节数量不等的电池单体，总共160节串联而成。额定总电压为528V，总电量为13kW·h。动力电池包安装位置如图4-4所示。

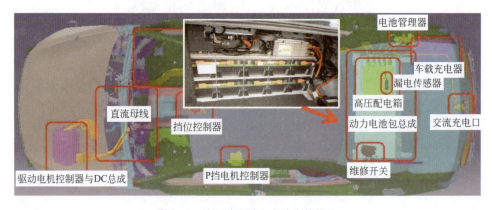

▲ 图4-4 比亚迪秦动力电池安装位置

电池模组连接方式如图4-5所示。

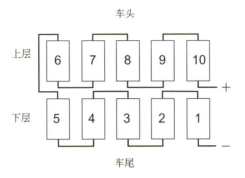

▲ 图4-5　电池模组连接方式

2014款比亚迪秦电池包（152节、501.6V、26A·h）单体连接与成组分布见图4-6。

▲ 图4-6　2014款比亚迪秦电池包单体连接与成组分布

2015款比亚迪秦电池包（160节、528V、26A·h）下层的每个模组都是18节单体，上层的每个模组都是14节单体。电池模组分布方式见图4-7。

▲ 图4-7　2015款比亚迪秦电池模组分布

比亚迪DM二代的每一个高压回路均有保险作为过流保护。电池包内部增加了一定数量的保险盒接触器进行保护，动力电池的每根采样线也有单独的保险保护。电池包熔丝位置见图4-8。

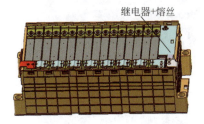 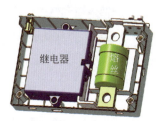

▲ 图4-8　电池包熔丝位置

即使发生碰撞短路，也可保证电池包等高压器件及线束不会短路损坏或起火。

维修开关（Service Switch）位于动力电池包总成上方的左上角，见图4-9，连接了动力电池的一个正极和一个负极；它的主要作用是在车辆维修时直接断开高压回路，从而保证操作人员的安全。维修开关正常状态时，手柄处于水平位置；需要拔出时，应先将手柄旋转至竖直状态，再向上拔出；需要插上时，应先沿竖直方向用力向下插入，再将手柄旋转至水平状态。

比亚迪E6动力电池包采用分布式管理器，每个单体3.3V，共93个单体，电池包标称电压306.9V、容量200A·h，一次充电61kW·h左右，动力电池包安装位置与部件分布如图4-10、图4-11所示。

▲ 图4-9　维修开关位置

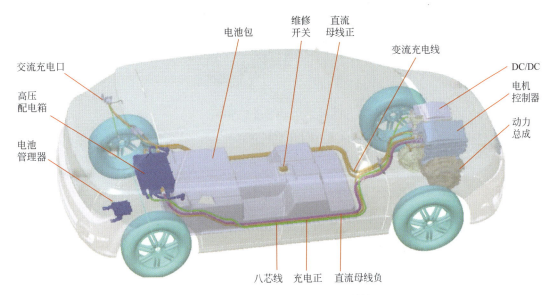

▲ 图4-10　比亚迪E6动力电池包安装位置

▲ 图4-11　比亚迪E6动力电池包部件分布

新电池包已取消E组模组、C1/B1增加1节电池，取消E/C1/B1保险，在维修开关位置增加1个保险。新电池包模组组成见图4-12。

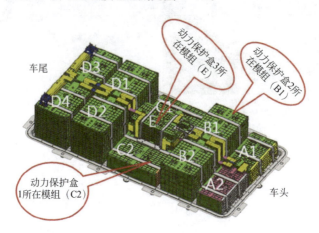

▲ 图4-12 新电池包模组组成

D1～D4是12节，A1、A2都是4节，C1是8节，C2是7节，B1是9节，B2是10节，E是3节，共93节。

4.1.2.2 三元锂电池

三元锂电池又称三元聚合物锂电池，指的是以镍钴锰三元材料作为正极材料，以石墨作为负极材料的电池，其以镍盐、钴盐、锰盐为原料，里面镍钴锰的比例可以根据实际需要调整，这是日韩等电池企业主攻技术方向。三元锂电池最大优势在于电池储能密度高，其储能密度通常在200WH/kg以上，相对于磷酸铁锂的90～120WH/kg，更适合乘用车市场对续航里程的需求，但是三元锂电池材料分解温度在200℃左右，它会释放氧分子，在高温作用下电解液会迅速燃烧，引发电池自燃和易爆风险，因此它对电池管理要求很高，需要做好过充保护（OVP）、过放保护（UVP）、过温保护（OTP）和过流保护（OCP）等。

宝马i3电动汽车高电压蓄电池内使用的电池属于锂离子电池类型（电池类型为NMC/LMO混合）。锂离子电池的阴极材料基本上是锂金属氧化物。"NMC/LMO混合"这一名称说明了这种电池类型使用的金属一方面是镍、锰和钴的混合物，另一方面是锂锰氧化物。通过所选阴极材料优化了电动车所用高电压蓄电池的特性（能量密度较高、使用寿命较长）。像往常一样使用石墨作为阴极材料，放电时锂离子沉积在石墨内。根据所使用的材料，电池额定电压为3.75V。i3高压电池模组安装位置如图4-13所示。

高压电池：总共 96 个单格电池的 8 个单格电池模块提供的额定电压为 355.2V。可用能量为 18.2 kW·h，放电时的最大功率为持续 40 kW。直流充电时的最大功率为 50 kW（0.4h 内快速充电到 80% 的充电状态）。交流充电时的最大功率为 7.4 kW（2.8 h 内快速充电到 80% 的充电状态）

▲ 图 4-13　i3 高压电池模组安装位置

高电压蓄电池单元由以下主要组件构成：带有实际电池的电池模块；电池监控电子装置；安全盒；蓄能器管理电子装置 SME 控制单元；带散热器或选装配置加热装置的热交换器；导线束；接口（电气、制冷剂、排气）；壳体和固定部件。其电池模块外围部件分布如图 4-14 所示。

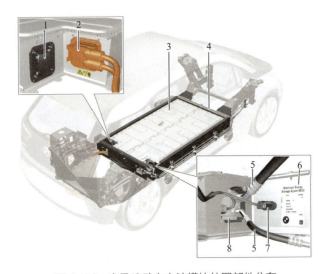

▲ 图 4-14　宝马 i3 动力电池模块外围部件分布

1—排气单元；2—高压接头；3—高压蓄电池单元；4—框架；5—制冷剂管路；6—带系列号的型号铭牌；7—至 12V 车载网络的接口，至 12V 车载网络接口的通信线路；8—制冷剂单向阀（带膨胀阀）

除了高压接口外,高压蓄电池单元还有一个至12V车载网络的接口。借此为集成式蓄能器电子管理系统(SME)提供电压、总线信号和传感器信号。

在无需拆卸高压蓄电池单元的情况下,可以断开导线(高压接口和至12V车载网络的接口)以及制冷剂管路。高压蓄电池单元位于车厢内部之外。如果单格电池因故障严重而产生过压,则相应气体无需通过放气管向外排出。高压蓄电池单元壳体上的放气单元已足够进行压力补偿。

高压蓄电池单元用于吸收、存储和准备电动驱动装置和高压车载网络的电能。高压蓄电池由多个电池单元模块组成,而电池单元模块则带有相应的多个单格电池。电池单元模块串联连接,结构如图4-15所示。

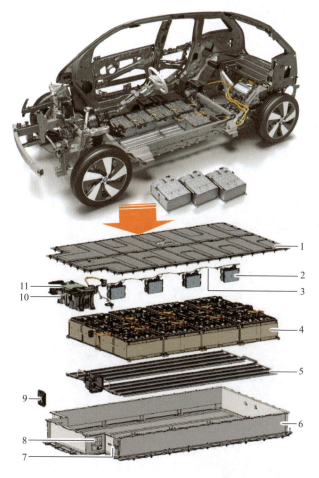

1—壳体盖;2—电池监控电子装置;3—电池监控电子设备电线束;4—电池模块;5—带冷却通道和加热装置的热交换器;6—壳体;7—电子插头;8—制冷剂管路接口;9—通气口;10—安全箱;11—存储器管理电子装置(SME)

▲ 图4-15 蓄电池单元结构

为了实现可追溯性，出厂时会记录高压蓄电池单元的组成：在存储器电子管理系统（SME）内存储有最重要部件的系列号。如果高压蓄电池单元在保养时进行修理，则将新装不可见的系列号存储在SME内，并通过ISTA记录。

将记录下列部件的系列号：8个电池单元模块；8个附属的电池监控电子设备。电池模块位置如图4-16所示。

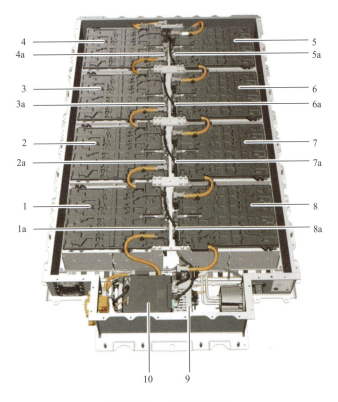

▲ 图4-16　电池模块位置

1—电池单元模块1；1a—电池监控电子设备1；2—电池单元模块2；2a—电池监控电子设备2；3—电池单元模块3；3a—电池监控电子设备3；4—电池单元模块4；4a—电池监控电子设备4；5—电池单元模块5；5a—电池监控电子设备5；6—电池单元模块6；6a—电池监控电子设备—6；7—电池单元模块7；7a—电池监控电子设备7；8—电池单元模块8；8a—电池监控电子设备8；9—安全箱；10—SME

从图4-17中可以看出，除汇集在8个电池模块内的电池本身外，I01的高电压蓄电池单元还包括以下电气/电子部件：蓄能器管理电子装置SME控制单元；8个电池监控电子装置（电池监控电路CSC）；带接触器、传感器和过电流熔丝的安全盒；电气加热装置控制装置（选装）。

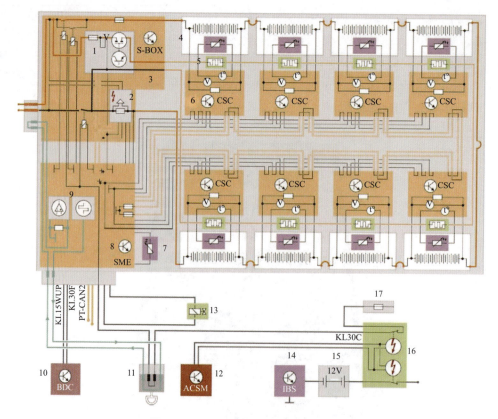

▲ 图4-17 高电压蓄电池单元系统电路图

1—电气加热装置控制装置；2—用于测量高电压蓄电池单元负极导线内电流强度的传感器；3—安全盒；4—电池模块；5—电气加热装置；6—电池监控电子装置（电池监控电路CSC）；7—制冷剂管路温度传感器；8—蓄能器管理电子装置；9—高电压触点监控电路控制装置；10—车身域控制器；11—高电压安全插头（售后服务时断开连接）；12—用于触发安全型蓄电池接线柱的ACSM控制管路；13—冷却液管路截止阀；14—智能型蓄电池传感器；15—蓄电池；16—安全型蓄电池接线柱；17—前部配电盒

除电气组件外，高电压蓄电池单元还包括制冷剂管路、冷却通道以及电池模块的机械固定元件。

奥迪A3 Sportback e-tron混合动力电池组紧固在车辆下方并由以下部件组成在一起：电池控制单元；高压电池的控制箱；8个电池模块，每个模块有12个电池单元和控制器（见图4-18）；电池单元的冷却系统；高压电缆连接；

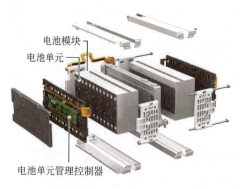

▲ 图4-18 电池模块的组成

12V电气系统的连接；冷却液连接。动力电池包组成如图4-19所示。

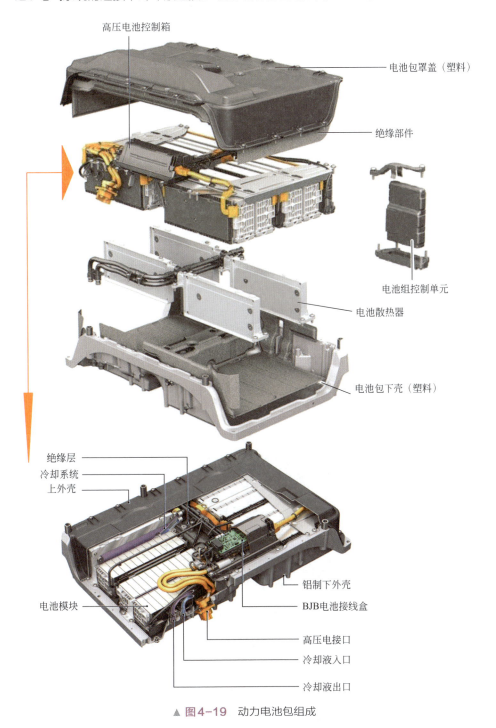

▲ 图4-19 动力电池包组成

混合动力蓄电池单元的外壳由铸铝外壳和塑料（上部壳体）制成。上壳与下壳通过螺栓和密封件结合在一起。混合动力电池单元的顶部用一个压力补偿元件和泄压阀连接，温度变化引起的外壳压力变化由压力补偿元件进行补偿调节。如果混合动力电池单元中的压力变得太大，则会打开卸压阀。混合动力蓄电池单元通过电位均衡线连接到车身上。

2个电池模块在底部都安装有冷却元件，4个散热元件在混合电池中用并联方式连接。进口和出口温度的编码器集成在冷却液的连接处。

项目	参数
额定电压/V	352
电池电压/V	3.7
单元格数量	96
容量/（A·h）	25
工作温度/℃	−28 ~ +60①
功率/（kW·h）	8.8
有效功率/（kW·h）	7.0②
最大功率/kW	90
重量/kg	120

① 表示充电/放电电流从+50℃降低。
② 表示充电状态保持在25% ~ 85%之间。

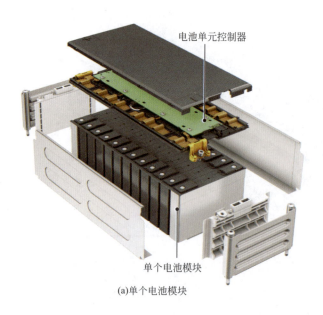

(a)单个电池模块

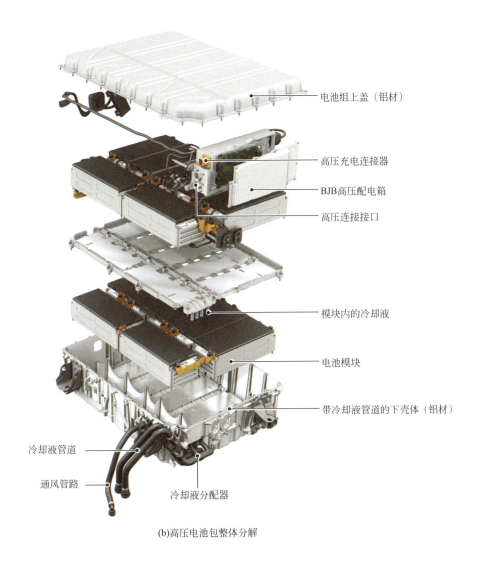

(b) 高压电池包整体分解

▲ 图4-20 奥迪Q7 e-tron车型高压电池模块结构图

    奥迪Q7 e-tron quattro的锂离子电池总容量为17.3kW·h，在纯电动模式下最大续航里程为56km，满电续航里程为1410km。纯电模式下0～60km/h加速仅需6.1s；在混动模式下0～100km/h需6s，极速可达225km/h，综合油耗低至1.7L/100km。电池模块结构如图4-20所示，高压电池包内部管路连接如图4-21所示。

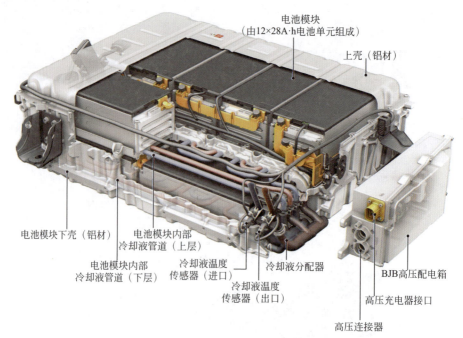

▲ 图4-21 奥迪Q7 e-tron高压电池模块内部管路连接图

广汽传祺GA3S动力电池系统布置在后排座椅底盘，由8个M12的固定螺栓固定，手动维护开关安装于右后排座下，需要拆下右后排座椅才能够进行拆装操作。

动力电池系统冷却方式为液冷，重量小于等于138kg，由88个三元电池单体电芯组装而成8个模组，标称电压为321V，正常电压范围为250～369V，瞬时最大放电功率为110kW。GA3S电池包组成形式如图4-22所示。

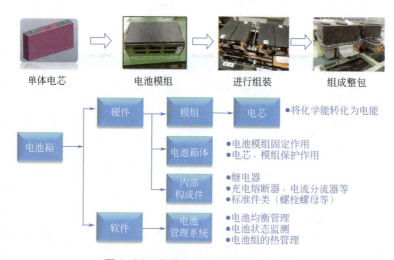

▲ 图4-22 传祺GA3S电池包组成形式

4.1.2.3 锰酸锂电池

锰酸锂是较有前景的锂离子正极材料之一，相比钴酸锂等传统正极材料，锰酸锂具有资源丰富、成本低、无污染、安全性好、倍率性能好等优点，是理想的动力电池正极材料，但其较差的循环性能及电化学稳定性却大大限制了其产业化。锰酸锂主要包括尖晶石型锰酸锂和层状结构锰酸锂，其中尖晶石型锰酸锂结构稳定，易于实现工业化生产，如今市场产品均为此种结构。

如今市场上主要的锰酸锂有A、B两类，A类是指动力电池用的材料，其特点主要是考虑安全性及循环性；B类是指手机电池类的替代品，其特点主要是高容量。

锰酸锂的生产主要以EMD和碳酸锂为原料，配合相应的添加物，经过混料、烧成、后期处理等步骤而生产的。从原材料及生产工艺的特点来考虑，生产本身无毒害，对环境友好，不产生废水废气，生产中的粉末可以回收利用，因此对环境没有影响。

AESC、东芝、LEJ、日立与LG等日韩电池企业将锰酸锂电池广泛应用于日、韩、欧美等多主流品牌的新能源汽车上。尤其日产leaf截至2016年年底累计销售35万辆。日本电池厂的锰酸锂电池以大的掺杂单晶颗粒为主：克容量稍低，设计面密度很低，高温及循环性能好；多与三元或二元材料掺混使用。相关应用材料及车型如图4-23所示。

日本主要电池厂家产品及配套车型

厂家	正极材料	应用车型
松下	三元(NCA)	Tosla Modcl系列 Ford Fuslcn Hybrkl/Energil 大众c-UP
松下	三元(NCM)	大众高尔夫GTE PHEV 奥迪Q5混合动力 大众捷达混合动力
AESC	锰酸锂混合三元 (LMO+NCA)	日产Leat 日产风雅混合动力
东芝	锰酸锂	本田飞度EV 三菱i-MiEV(10.5kWh)
LEJ	锰酸锂	三菱i-MiEV(16kWh)
Eaue Energy	三元(NCM)	本田思域PHEV
Eaue Energy	磷酸铁锂	本田雅阁PHEV
日立	锰酸锂混合三元 (LMO+NCM)	通用别克君越/君威HEV 通用雪佛兰迈锐宝HEV 日产探路者混合动力 （2014款）
PEVE	三元(NCA)	丰田普锐斯o

韩国主要电池厂家产品及配套车型

厂家	正极材料	应用车型
LG化学	三元(NCM)	通用雪佛兰Volt/Bolt(新款) 通用雪佛兰Spark EV(新款) 日产leaf(2016年) 现代lx35 FCEV 现代尊雅混合动力 起亚K7混合动力
LG化学	锰酸锂	通用雪佛兰vclt 欧宝mpera 福特Focus EV 现代i10 EV 起亚K5混动 沃尔沃V60 PHEV 雷诺Twfzy/Zoe/Fiuence
三星	三元(NCM)	宝马i3/i8 宝马X5/X6 PHEV 宝马Acbve Hybrid5/7 奥迪Q7 e-tron Qualtro 克莱斯勒F500e 大众帕萨特GTE
SK能源	三元(NCM)	北汽绅宝EV200

▲ 图4-23 日韩动力电池厂家正极材料应用及车型

日本日产leaf与三菱i-MiEV电动汽车上就应用了锰酸锂电池，其高压电池组安装位置如图4-24所示。高压锂电池包组成如图4-25所示。

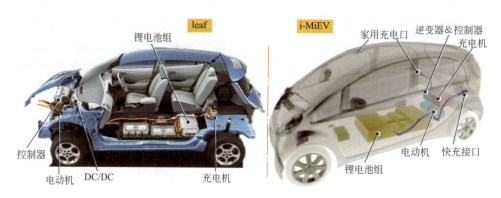

▲ 图4-24 日产leaf与三菱i-MiEV汽车高压电池组安装位置

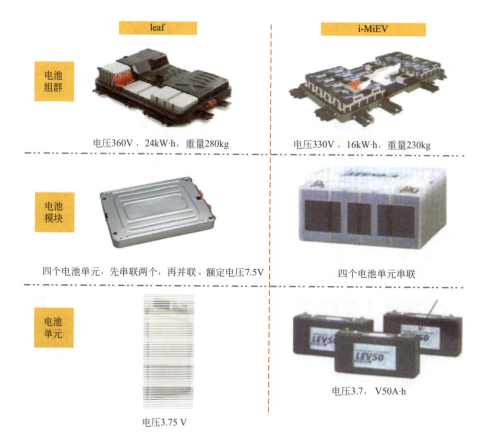

▲ 图4-25 日产leaf与i-MiEV汽车高压锂电池包组成

4.1.3 镍氢电池

镍氢（NiMH）蓄电池的单电池的源电压是由电极上过量的带电氢粒子产生的。镍氧氢化合物（氢氧化镍）用作正电极。负电极由能对氢进行可逆存储的金属合金组成。镍氢电池内部结构如图4-26所示。

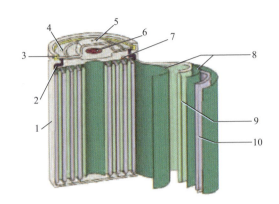

1—壳体和接头；2—绝缘层；3—密封件；4—盖；5—+接头；6—安全阀；7—PTC（温度决定的电阻）；8—隔离层；9—正电极；10—负电极

▲ 图4-26 镍氢（NiMH）蓄电池内部结构

充电过程中，氢粒子从负电极迁移至正电极，并吸附在电极材料上。放电过程相同，但顺序相反。

镍氢（NiMH）蓄电池的单电池采用了两个安全机制。PTC电阻器可限制高温时的电流，安全阀可以受控方式释放蓄电池的单电池中产生的过高压力。

镍氢蓄电池已代替了以前的普通镍镉蓄电池。在蓄电池系统的三种基本单电池设计（扁平单电池、圆形/圆柱形单电池和棱柱形单电池）中，保时捷采用了圆柱形单电池设计，因为它具有极稳定的机械属性和高能量密度，并且制造成本低。此外，各单电池间的空间使圆柱形单电池更易冷却。镍氢蓄电池的能量密度通常为80Wh/kg。近期不会有更高的能量密度。

丰田（包括雷克萨斯）和本田HEV车型使用的是镍氢电池，镍氢电池能量密度虽然没有锂电池高，却更加安全可靠，有着更好的充放电循环寿命。

镍氢电池电解液为不可燃的水溶液，比热容、电解液蒸发热相对较高，而能量密度相对较低，即使发生短路、刺穿等极端异常情况，电池温升小，也不会燃烧。

在低温地区，如日本北海道、加拿大，室外温度在0℃以下，镍氢电池也能正常的充放电，不会存在安全隐患。此外，镍氢电池的产品质量控制难度也相对比较低，因制造过程导致缺陷的可能性很小。

所以对电池电量要求不高的普通混动车型，大多都选择使用镍氢电池。除了丰田旗下的卡罗拉-雷凌双擎、凯美瑞双擎、普锐斯，雷克萨斯CT200H、ES300H，本田思域HEV、INSIGHT英赛特、CR-Z等混动车型，其他使用镍氢电池的混合动力车辆包括福特汽车的Ford Escape、雪佛兰的Chevrolet Malibu。

4.1.3.1 丰田HEV车用镍氢电池

第一代丰田普锐斯（Prius，代号NHW10/NHW11）（1997—2003年）作为全球第一款量产的混动车型，搭载型号1NZ-FXE的1.5L直列四缸自然吸气发动机和一台288V永磁交流电动机，其中汽油发动机最大功率58马力，最大扭矩102N·m，电动机最大功率29kW（约合40马力），最大扭矩305N·m，配备ECVT（电控无级变速箱）变速箱，镍金属氢化物（镍氢）电池组作为电力源（安装位置见图4-27），丰田将这套油电混合动力系统称之为"THS"，即Toyota Hybrid System（丰田混合动力系统）。截至2003年，第一代普锐斯在全球20多个国家共售出12.3万辆。

▲ 图4-27　第一代丰田普锐斯镍氢电池包安装位置

第二代丰田普锐斯（代号NHW20）（2003—2011年）由三厢车变为五门掀背造型，继续沿用型号1NZ-FXE的1.5L四缸自然吸气发动机，此发动机具有VVT-i可变正时气门技术，最大功率77马力，最大扭矩115N·m，500V电动机最大功率50kW（约合68马力），最大扭矩400N·m，混合动力净功率112马力，配备ECVT无级变速箱。第二代Prius配备了全电动空调压缩机，此外还使用了电动转向系统。如图4-28所示，配备了尺寸更小且重量更轻的镍氢电池组，丰田在北美市场给这套电池组提供10万英里（约合16.1万千米）内或8年保修期。2005年12月，一汽丰田长春工厂开始投产第二代Prius，国产后的Prius采用音译名称普锐斯。截至2011年停产，第二代Prius在全球40多个国家共售出119.2万辆。

镍氢电池组：
全封闭镍氢（Ni-MH）电池组成，电压大约为直流200V，位于后备箱内后排座位下方

（a）高压电池模块安装位置

高压电池模块：
2009款：1.2V×6格×28块等于201.6V
2003款：1.2V×6格×38块等于273.6V

电池智能单

高压接线盒

高压电池冷却风扇（无电刷）

服务扳手连接器

（b）高压电池模块结构分解

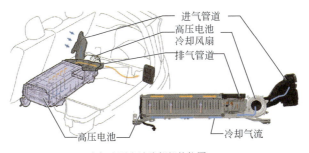

进气管道
高压电池冷却风扇
排气管道

高压电池

冷却气流

（c）高压电池冷却部件位置

▲ 图4-28 丰田普锐斯（THS二三代产品）

第三代丰田普锐斯（代号ZVW30）（2009年—）沿用了上一代车型的造型设计，车顶配备了丰田和京瓷共同研发的太阳能板，用以在夏天收集足够的电能来启动空调等电子设备。后轮的鼓式刹车已升级为盘式刹车系统。型号2ZR-FXE的1.8L VVT-i四缸汽油发动机取代了原先那台1.5L发动机，最大功率99马力，最大扭矩142N·m，650V电动机最大功率60kW（约合81马力），最大扭矩207N·m，混

合动力最高输出功率100kW（约合135马力），传动系统依然配备了一台ECVT电控无级变速箱。采用电子水泵，这也让它成为第一款全车无需皮带传动的量产车型。丰田在2011年将代号ZVW35的Prius PHV插电式混动车型推向市场，该车百公里油耗进一步降至2.2L，CO_2的排放降至49g/km。2012年2月，国产第三代普锐斯正式上市，从2009年诞生以来，第三代Prius全球销量已达168.8万辆。

第四代丰田普锐斯（代号ZVW50）基于丰田全新的TNGA平台打造（丰田在2016年12月正式发布了全新TNGA全球架构平台之后，第四代普锐斯则成了该平台下的首款车型），曾经占用一部分后备厢空间的电池组被移到了后座下方，仍沿用那台代号2ZR-FXE的1.8L自然吸气四缸发动机，提供2WD及E-Four四轮驱动两种车型可选，可辅助引擎或前马达输出动力，并让新款普锐斯具备电动四驱的能力。第四代普锐斯提高了电池的输出功率，辅助行驶时，能提供更强的动力，充电时也能承受更大的电流。新车根据车型等级使用不同的电池，见图4-29。E、A、A Premium配备的是锂离子电池，S和4轮驱动车型都配备的是镍氢电池。锂离子电池组的重量为24.5kg，而镍氢电池的电池组为40.3kg。

▲ 图4-29　第四代普锐斯用高压电池

4.1.3.2 通用HEV车用镍氢电池

驱动电动机/发电机电池也称混合动力电池。以凯迪拉克凯雷德HEV车型为例，驱动电动机/发电机电池包括40个单独的电池模块。每个电池模块的额定电压是7.2V直流电，所有模块串联在一起。所有模块的合并输出电压是约288V直流，电池组内部结构如图4-30所示。直流高压通过高压直流电线经车辆底部连接到驱动电动机/发电机电源逆变器模块（PIM）。高压电池正极和负极电线总成（300V）颜色是橙色，表示有潜在高压。PIM将直流电压转换成交流电压，启用动力总成混合动力功能的电气部分。驱动电动机/发电机电池有很少的移动零件。移动零件有两个高压接触器继电器、高压电流限制继电器、电池通风风扇继电器和一个电池通风风扇。通风风扇用于帮助冷却电池。电池能量控制模块（BECM）控制着这些装置，利用混合动力电池总成内的几个传感器监控电流、电压和温度。BECM将根据这些输入设置诊断故障码。

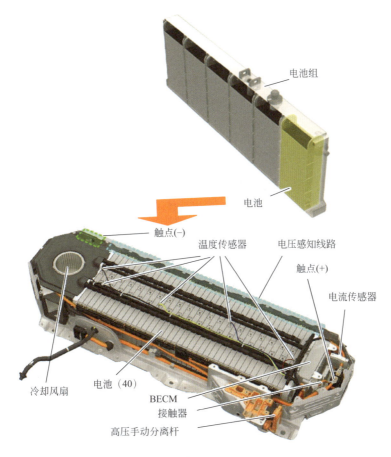

▲ 图4-30 镍氢电池组内部结构

混合动力驱动电动机/发电机电池位于中间一排座椅底下（运动型车型）或后排座椅底下（皮卡车型），见图4-31。BECM、通风风扇、通风风扇继电器、电流限制继电器和高压接触器继电器位于混合动力电池总成内。

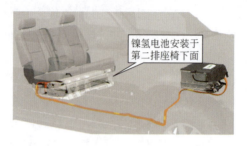

▲ 图4-31　HEV镍氢电池安装位置

4.1.4　燃料电池

氢/氧燃料电池是原电池的一种特殊形式，主要部件为两个电极（1）如镀铂的碳纤维纳米管用作催化剂（2）以及一层特殊薄膜（3）。多种化合物均可用作电极。特殊薄膜具有气密性，对电子不导电，对质子（不带电子的氢核）具有渗透性。氧气（O_2）来自环境空气，无需专门填充。燃料电池构造如图4-32所示。

氢气（H_2）和氧气（O_2）分别分配至两个电极：氢气至正极（A），氧气至负极（C）。氢气在催化剂的作用下释放两个电子并分裂成两个带正电的氢核（质子）。氢核可以渗入并穿过薄膜，因为薄膜另一侧（负极）电解质的质子数较正极少（扩散）。氧气在其电极侧通过催化作用吸收电子，然后立即与自由的氢质子反应生成水（H_2O）。

如果电子连接正极和负极，则该反应（4）会产生电流。随着氢气转化为水，燃料电池中直接产生电能。燃料电池工作原理示意图如图4-33所示。

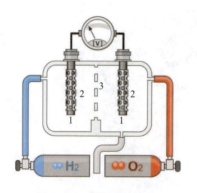

▲ 图4-32　燃料电池构造

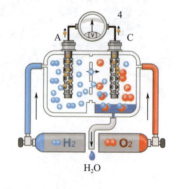

▲ 图4-33　燃料电池工作原理示意图

氢气在特别灌注泵中装满。加氢燃料的过程与天然气燃料加注的过程一致。氢气在700bar的压力下泵入车辆下方的增压箱中。根据氢的物理属性，80L氢气大约重6.44kg。氢气通过减压器进入燃料电池。在工作压力为3bar时，燃料电池可提供250～450V直流电压。

燃料电池本质是水电解的"逆"装置，主要由3部分组成，即阳极、阴极、电解质。其阳极为氢电极，阴极为氧电极。通常，阳极和阴极上都含有一定量的催化剂，用来加速电极上发生的电化学反应。两极之间是电解质。

以质子交换膜燃料电池（PEMFC）为例，其工作原理如下：① 氢气通过管道或导气板到达阳极；② 在阳极催化剂的作用下，1个氢分子解离为2个氢质子，并释放出2个电子，阳极反应为$H_2 \rightarrow 2H^+ + 2e$。③ 在电池的另一端，氧气（或空气）通过管道或导气板到达阴极，在阴极催化剂的作用下，氧分子和氢离子与通过外电路到达阴极的电子发生反应生成水，阴极反应为$1/2O_2 + 2H^+ + 2e \rightarrow H_2O$。总的化学反应为$H_2 + 1/2O_2 = H_2O$。电子在外电路形成直流电。因此，只要源源不断地向燃料电池阳极和阴极供给氢气和氧气，就可以向外电路的负载连续地输出电能。

A7 Sportback h-tron quattro 概念车搭载氢燃料电池动力系统，这套系统的最大功率为230马力，最大扭矩为540N·m。其0～100km/h加速仅为7.9s，极速可以达到180km。这套系统可以使用氢气当燃料行驶或在纯电动模式下行驶，使用氢气作燃料时，每千克氢气可是行驶100km。纯电动模式时则可行驶50km。其总续航里程可以达到500km。燃料电池构成如图4-34所示。

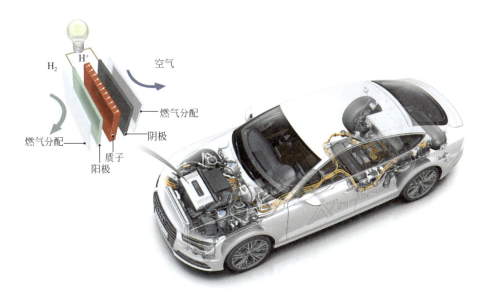

▲ 图4-34 奥迪A7 h-tron燃料电池构成

项目2 电池冷却系统

4.2.1 宝马i3电池冷却

宝马i3的高电压蓄电池单元直接通过制冷剂进行冷却。因此空调系统的制冷剂循环回路由两个并联支路构成。一个用于车内冷却,一个用于高电压蓄电池单元冷却。两个支路各有一个膨胀和截止组合阀,用于相互独立地控制冷却功能,见图4-35。蓄能器管理电子装置可通过施加电压控制并打开膨胀和截止组合阀。这样可使制冷剂流入高电压蓄电池单元内,在此膨胀、蒸发和冷却。车内冷却同样根据需要来进行。蒸发器前的膨胀和截止组合阀同样可以电气方式进行控制,但由发动机电气电子系统EDME进行控制。

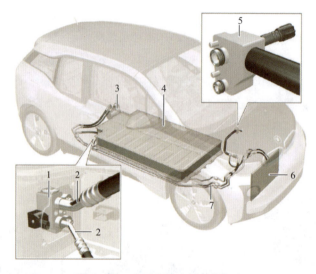

▲ 图4-35 高压电池冷却系统组成

1—膨胀和截止组合阀;2—连接高电压蓄电池单元的制冷剂循环回路;3—电动制冷剂压缩机;4—高电压蓄电池;5—用于车内冷却的膨胀阀;6—制冷剂循环回路内的冷凝器;7—制冷剂管路

进行冷却时,电池将热量传至制冷剂。电池通过这种方式得以冷却,制冷剂蒸发。随后电动制冷剂压缩机将制冷剂压缩至较高压力水平。之后通过冷凝器将热量排放到环境空气中并以此方式使制冷剂重新变为液态聚集状态。这样可通过降低膨胀阀内的压力水平使制冷剂重新能够吸收热量。通过这种方式可在较高车外温度和较高驱动功率(约1000W)下产生冷却功率。冷却剂循环回路如图4-36所示。

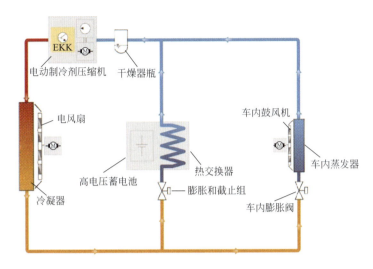

▲ 图4-36　高电压蓄电池单元制冷剂循环回路

为了通过制冷剂进行电池冷却，在电池模块下方带有铝合金平管构成的热交换器，它与内部制冷剂管路连接在一起，进行冷却时有制冷剂流过。图4-37展示了这些组件的概览。

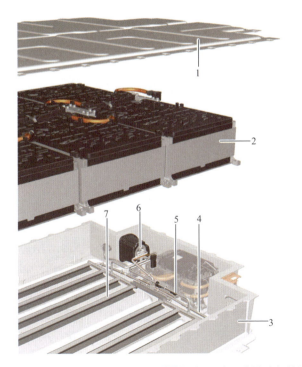

1—高电压蓄电池盖板；2—电池模块；3—高电压蓄电池壳体；4—制冷剂回流管路；5—制冷剂供给管路；6—膨胀和截止阀连接法兰；7—热交换器

▲ 图4-37　高压电池冷却管路

在相反的情况下，例如，多日将i3停放在0℃以下的户外时，应在行驶前或充电前使电池加热至最佳温度水平。之后从开始行驶时蓄电池就会提供其最大功率。通过充电电缆将车辆与电网连接并选择了车辆温度调节功能时也能调节电池温度。对电池进行加热时会启用高电压系统并使电流经过加热丝。加热丝沿冷却通道布置，如图4-38所示。由于冷却通道与电池模块接触，因此加热线圈内产生的热量会传至电池模块和电池。

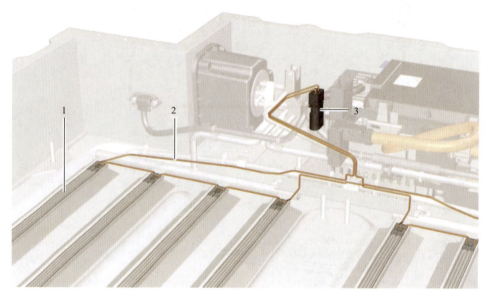

▲ 图4-38　高电压蓄电池单元的加热组件

1—加热丝；2—加热电缆；3—电气加热装置插头

加热装置控制功能同样集成在高电压蓄电池单元内：为此在安全盒（S-Box）内带有一个通过局域CAN2与SME控制单元进行通信的微控制器、一个电子开关元件以及一个用于监控加热功率的电流和电压传感器。根据需要，最大功率可达1000W。安全盒内部电气结构如图4-39所示。

在高电压蓄电池单元内部，如图4-40所示，制冷剂在管路和铝合金冷却通道内流动。通过入口管路流入的制冷剂直接在高电压蓄电池单元接口处分入两个供给管路。之后再次分别进入两个冷却通道并在冷却通道内吸收电池模块的热量。在冷却通道末端制冷剂被输送至相邻冷却通道内，由此回流并继续吸收电池模块的热量。

最后，带有蒸发制冷剂的四个管路段重新汇集到一起，一个共同的回流管路通到抽吸管路接口处。在其中一个供给管路上还有一个温度传感器，传感器信号用于控制和监控冷却功能。该信号直接由SME控制单元读取。

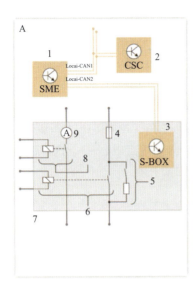
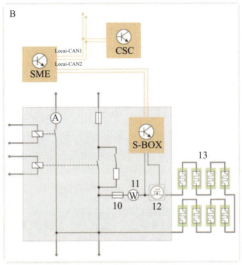

▲ 图4-39 加热装置安全盒内部电气结构

A—标配型号；B—带有SA 494驾驶员和前乘客座椅加热装置的型号；1—蓄能器管理电子装置；2—电池监控电子装置（以8个中的一个为例）；3—安全盒控制单元；4—高电压蓄电池单元正极导线内的过电流熔丝；5—预充电电路；6—正极导线内的电动机械式接触器；7—安全盒；8—负极导线内的电动机械式接触器；9—用于测量负极导线内电流强度的传感器；10—加热装置正极导线内的过电流熔丝；11—加热装置正极导线内的功率表；12—用于控制加热装置功率的半导体开关；13—高电压蓄电池单元内沿冷却通道布置的加热电阻器

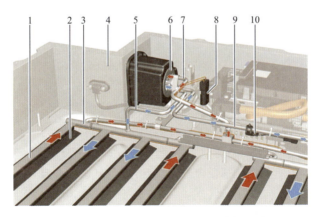

▲ 图4-40 高电压蓄电池单元内的冷却组件

1—热交换器；2—弹簧条；3—冷却通道连接装置；4—高电压蓄电池壳体；5—制冷剂供给管路；6—胀和截止阀连接法兰；7—制冷剂回流管路；8—电气加热装置插头；9—制冷剂供给管路；10—制冷剂温度传感器

为了确保冷却通道完成排出电池模块热量的任务，必须以均匀分布的作用力将冷却通道整个面积压到电池模块上。该压紧力通过嵌有冷却通道的弹簧条产生。弹簧支撑在高电压蓄电池单元壳体上，从而将冷却通道压到电池模块上。制冷剂管路、冷却通道和弹簧条构成了一个单元，进行修理时只能以单元形式更换。

i3标配基本型膨胀和截止组合阀，见图4-41。该阀门型号通过一根直接线由SME控制单元进行控制。电气控制可识别出两种状态：0V控制电压表示阀门保持关闭状态，12V控制电压表示阀门打开。像传统的空调系统膨胀阀一样，该膨胀和截止组合阀也通过温度方式，即根据制冷剂温度自动调节其开度。

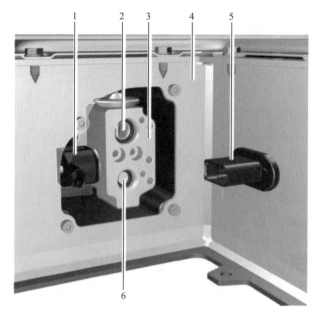

▲ 图4-41　i3标配基本型膨胀和截止组合阀

1—膨胀和截止组合阀电气接口；2—制冷剂抽吸管路接口；3—膨胀和截止组合阀；4—高电压蓄电池单元壳体；5—高电压蓄电池单元12V车载网络接口；6—制冷剂压力管路接口

在带有热力泵的i3汽车上，在制冷剂循环回路内使用其他阀门来实现热力泵的不同运行状态。其中也包括高电压蓄电池单元上的膨胀和截止组合阀。该阀门型号可进行电动调节，即可连续调节开度（0%～100%）。在此不由SME控制单元控制，而是由热力泵控制单元进行控制。

4.2.2　奥迪A3 e-tron电池冷却

奥迪A3 e-tron高温冷却液回路包括以下部件：冷却液膨胀箱1；加热换热器；

传动油冷却器；带恒温器的冷却泵；机油冷却器；高压加热（PTC）Z115；主要的水冷却器。该系统组成如图4-42所示。

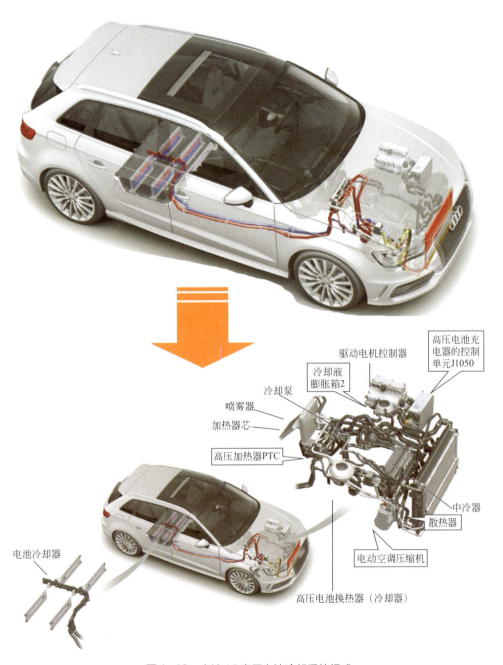

▲ 图4-42 奥迪A3高压电池冷却系统组成

低温冷却液回路2包括以下部件：冷却液膨胀箱2；电驱动JX1的电力和控制电子元件；高压电池充电器的控制单元；高压电池的换热器；混合电池单元AX1；位于电力和控制电子设置上方的冷却液循环泵V508，用来冷却电力驱动装置；冷却泵V590，用来冷却高压电池。其组成部件和冷却回路如图4-43所示。

低温冷却液回路2由2个相互切换的子电路组成，所以在电路内部有2个不同的温度水平，因此不同组件的温度要求可以得到满足。

可以通过用于高压电池N688的冷却液阀门来实现切换连接，完成对高压电池冷却泵V590的控制。这个电路专门用于混合电池单元的温度控制。这同时也是制冷剂回路的一部分。

可以通过低温冷却器的被动冷却或通过热交换器作用于高压电池来达到低温冷却液回路中所需的温度水平。

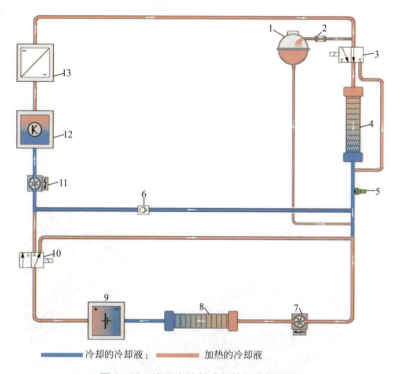

▲ 图4-43 高压电池组成部件和冷却回路

1—冷却剂膨胀箱2；2—节气门；3—换向阀1用于冷却液N632；4—低温冷却器2；5—电力电子JX1前面的温度传感器；6—止回阀；7—用于高压电池的冷却泵V590；8—高压电池换热器（冷水机组）；9—混合动力电池单元AX1；10—高压电池N688的冷却液阀门；11—电源和控制电子装置上游的冷却液循环泵，用于冷却电力驱动装置；12—电驱动JX1的电力和控制电子元件；13—高压电池充电器控制单元J1050

4.2.3 奔驰S500 PHEV电池冷却

高电压蓄电池的工作温度必须处于特定的范围内，才能确保容量和充电循环数等指标的理想寿命得以优化。

根据环境温度，可通过低温冷却器或连接在制冷剂循环回路上的热交换器，将高电压蓄电池的余热排出。低温回路2的控制主要通过驱动高电压蓄电池冷却转换阀来完成。高电压蓄电池冷却回路的散热器可将余热直接排放到环境中。

热交换器通过热交换器中所喷入或蒸发的制冷剂，对冷却液进行冷却。随后，冷却后的冷却液提供给低温回路。低温冷却回路如图4-44所示。

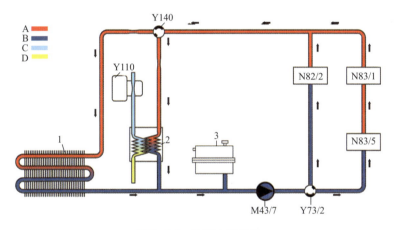

▲ 图4-44 低温冷却回路

1—低温回路2散热器；2—热交换器；3—低温回路2膨胀容器；M43/7—低温回路循环泵2；N82/2—蓄电池管理系统控制单元；N83/1—直流转换器控制单元；N83/5—充电装置；Y73/2—低温回路转换阀2；Y110—高电压蓄电池冷却膨胀阀；Y140—高电压蓄电池冷却转换阀；A—冷却液已加热；B—冷却液已冷却；C—制冷剂（高压，液态）；D—制冷剂（低压，气态）

在通过充电装置供电插座对高电压蓄电池进行充电时，低温回路转换阀2在中等温度下切换到直流转换器和充电装置方向，并将电子装置的余热通过低温回路2的散热器排出。

为此，风扇可根据冷却液温度分级开启。当高电压蓄电池温度较低时，冷却液通过被高电压蓄电池冷却系统膨胀阀阻断的热交换器进行输送。在这种情况下，高电压蓄电池的热容量被用于冷却直流转换器和充电装置的电子系统。

电动制冷剂压缩机将低温气态制冷剂从蒸发器中抽取，对其进行压缩，同时令其升温并输送到冷凝器中。压缩后的高温制冷剂在冷凝器中通过流经的，或通过风扇马达所吸入的车外空气进行冷却。当达到根据制冷剂压力所确定的露点后，制冷剂便会发生冷凝，并令其形态由气态变为液态。随后，制冷剂流入储液罐（干燥器）。在流过储液罐时，制冷剂吸收潮气，蒸气气泡被析出，同时机械杂质会被滤除，以保护后续部件免受侵害。

清洁后的制冷剂继续流向高电压蓄电池冷却膨胀阀。在那里，处于高压下的液态制冷剂被喷入，或蒸发至高电压蓄电池冷却系统热交换器中。制冷剂循环回路如图4-45所示。

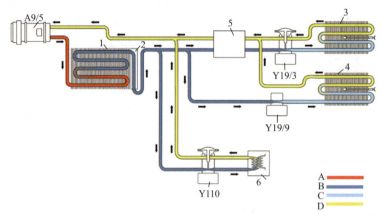

▲ 图4-45 制冷剂循环回路

1—冷凝器；2—储液罐（干燥器）；3—蒸发器；4—后座区空调蒸发器；5—内部热交换器；6—热交换器（低温回路2）；A9/5—电动制冷剂压缩机；Y19/3—前部蒸发器关闭阀；Y19/9—后座区空调蒸发器关闭阀；Y110—高电压蓄电池冷却膨胀阀；A—高压，气态；B—高压，液态；C—低压，液态；D—低压，气态

如果低温回路2散热器的制冷功率不足，便会通过高电压蓄电池冷却转换阀将低温回路2的冷却液转送至与制冷剂循环回路相连的热交换器。

高电压蓄电池冷却转换阀的开关通过传动系统控制单元进行。同时，安装在热交换器上的高电压蓄电池冷却膨胀阀被促动并打开。

处于高压下的液态制冷剂通过高电压蓄电池冷却膨胀阀，被喷入或蒸发至高电压蓄电池冷却系统热交换器中。

通过制冷剂形态由液态变为气态，它从低温回路2冷却液中吸收热能。随后，气态制冷剂被制冷剂压缩机抽出，并重新进行压缩。

4.2.4 丰田-雷克萨斯HEV电池冷却

以卡罗拉-雷凌HEV车型为例，在反复的充电和放电循环过程中，HV蓄电池产生热量，为确保其性能正常，HV蓄电池采用了专用冷却系统，冷却形式及部件如图4-46所示。

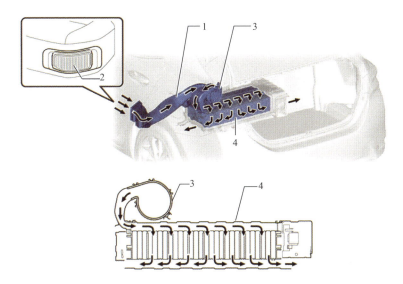

▲ 图4-46 丰田卡罗拉-雷凌HEV蓄电池冷却形式及部件

1—进气管；2—HV蓄电池2号进气过滤器；3—蓄电池冷却鼓风机总成；4—HV蓄电池总成

HV蓄电池总成主要包括HV蓄电池（蓄电池模块）、HV蓄电池温度传感器、HV蓄电池进气温度传感器、混合动力蓄电池接线盒总成、蓄电池冷却鼓风机总成、蓄电池智能单元（蓄电池电压传感器）和维修塞把手。相关部件位置见图4-47。

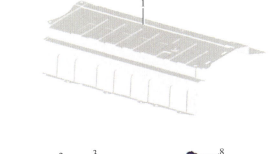

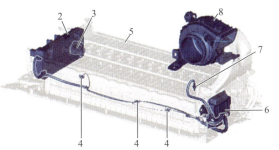

1—HV蓄电池上盖；2—混合动力蓄电池接线盒总成；3—维修塞把手；4—HV蓄电池温度传感器；5—HV蓄电池（蓄电池模块）；6—蓄电池智能单元（蓄电池电压传感器）；7—HV蓄电池进气温度传感器；8—蓄电池冷却鼓风机总成

▲ 图4-47 HV蓄电池组成部件

HV蓄电池采用塑料容器型单格。因此，实现了卓越的大功率密度、轻量化结构和使用寿命。采用蓄电池冷却鼓风机总成作为专用冷却系统，确保了HV蓄电池的正常工作，从而不受其在反复充电和放电循环过程中产生的大量热量的影响。

项目3　电池充电系统

4.3.1　众泰E30EV充电系统

EV充电系统将交流电网的交流电转化为高压直流电，给车辆动力电池充电，提供汽车运行的电能，其主要由车载充电机、充电枪、充电插座、电池管理系统、充电指示灯等组成。

车载充电机固定安装在电动汽车上，通过充电插头与交流电网相连接，将220V交流电转换为直流电给动力电池充电，监视充电状态并根据充电状态调整充电功率，实现电动汽车充电的智能化控制。

充电枪将电网220V交流电传输给车载充电机。

充电指示灯位于组合仪表上。当动力电池正常充电时，充电指示灯闪烁；充电完成，充电电缆未断开，充电指示灯常亮。未充电或充电故障时，充电指示灯熄灭。

如图4-48所示为EV充电系统组成，当动力电池电量低时，用充电枪连接电源与车载充电机，电池管理系统通过检测CC点电阻（680Ω-250V-16A/220Ω-440V-32A）判定充电电缆的额定容量及充电枪是否连好。

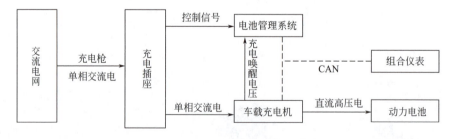

▲图4-48　EV充电系统组成

车载充电机交流输入端得电后，自检完成无故障，向电池管理系统发出充电唤醒信号，电池管理系统闭合充电接触器，导通充电回路。

当动力电池温度过低时，电池管理系统控制加热器接触器闭合，导通加热回路，给动力电池加热，达到一定温度时，导通供电回路，给动力电池充电。

在整个充电阶段，电池管理系统实时向充电机发送电池充电要求，充电机根据电池充电需求来调整充电电压和充电电流以保证充电过程正常。在充电过程中，充电机和电池管理系统相互发送各自的充电状态。除此之外，电池管理系统根据要求向充电机发送动力电池具体状态信息及电压、温度等信息。

车载充电机由交流输入接口、功率单元、控制单元、直流输出接口等部分组成，充电过程中由车载充电机提供电池管理系统（BMS）、充电接触器、仪表板等低压用电电源。车载充电机充电连接示意图如图4-49所示。

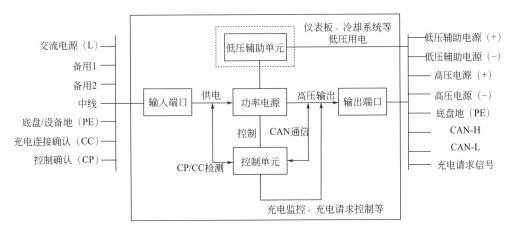

▲ 图4-49 车载充电机充电连接示意图

在充电连接过程中，首先接通保护接地触头，最后接通控制确认与充电连接确认触头。在脱开的过程中，首先断开控制确认触头与充电连接确认触头，最后断开保护接地触头。

连接后，车载充电机通过检测CC电压，确认连接是否完好，以及连接了何种充电枪。BMS控制慢充接触器、主负接触器闭合，车载充电机开始充电。车辆接口充电连接如图4-50所示。整个充电系统电路连接如图4-51所示。

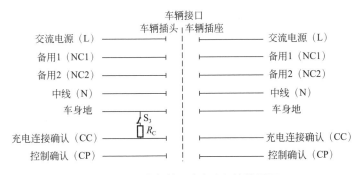

▲ 图4-50 车辆接口充电电气连接界面

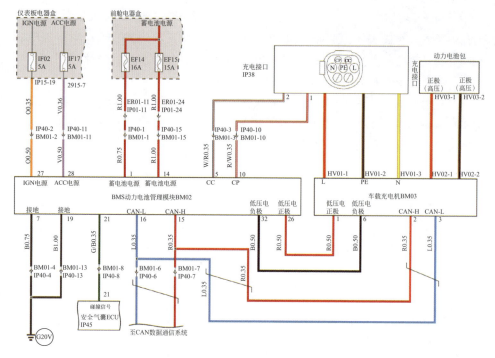

▲ 图 4-51 整个充电系统电路连接

4.3.2 江淮 IEV6/7 充电系统

车辆具有交流充电和直流充电两种功能。其中交流充电包括充电桩充电和家用电源充电两种方式,每种充电方式均可选择普通模式、长程模式、长寿模式、定时充电、远程充电和低温充电六种模式。如表4-2所示。

表4-2 交流和直流充电模式比较

充电模式		说明	电量水平	充电时间
交流充电模式	普通充电	定时开关没有被设置时,充电插头与充电插座连接完成后立即开始充电	100%	8h(25℃)
	长程充电	动力电池充电截止电压将高于正常充电模式下的充电截止电压,动力电池会存储更多的能量,增长行驶里程	110%	9.5h(25℃)
	长寿充电	动力电池充电截止电压将低于正常充电模式下的充电截止电压,提高动力电池的使用寿命	80%	7h(25℃)
	定时充电	通过设置充电时间,完成充电开始/停止设定	—	—
	远程充电	根据远程控制信号对车辆充电	100%	8h(25℃)
	低温充电	开启加热装置对动力电池加热,对车辆充电	100%	16h

续表

充电模式	说明	电量水平	充电时间
直流充电模式	通过直流充电桩充电。最大充电电流根据动力电池电量和温度而不同，当充电没有完成，但充电桩上的设置时间或车辆的设置时间已到时，充电停止	80%	1h（25℃）

交流充电口（A）安装在车辆LOGO处，直流充电口（B）安装在车身左后侧。充电时，根据选择的充电类型，连接交流充电插头或者直流充电插头到相应的充电插座，连接正确后开始充电。充电口连接后形成检测回路，当出现连接故障时，VCU可以检测该故障。充电系统部件位置如图4-52所示。

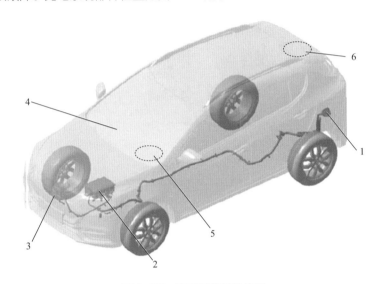

▲ 图4-52 充电系统部件位置

1—直流充电口；2—车载充电机；3—交流充电口；4—充电指示灯；5—定时充电开关；6—交流充电插头总成

当VCU判断整车处于充电模式，吸合M/C继电器，根据动力电池的可充电功率及车载充电机的状态，向车载充电机发送充电电流指令。同时，车载充电机吸合交流充电继电器，VCU吸合系统高压正极继电器和高压负极继电器，动力电池开始充电。交流充电控制流程如图4-53所示。

当直流充电设备接口连接到整车直流充电口，直流充电设备发送充电唤醒信号给VCU，VCU吸合M/C继电器，根据动力电池的可充电功率及车载充电机的状态，向直流充电设备发送充电电流指令。同时，VCU吸合直流充电继电器、系统高压正极继电器和高压负极继电器，动力电池开始充电。直流充电控制流程如图4-54所示。

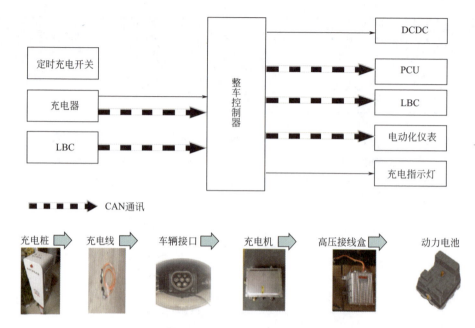

▲ 图4-53 交流充电控制流程

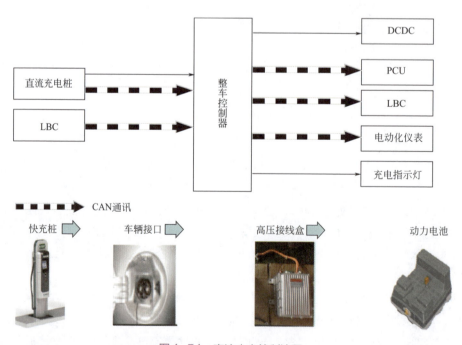

▲ 图4-54 直流充电控制流程

充电系统应用时,车载充电机将外部交流电转换成直流电给动力电池充电。充电时,车载充电机根据VCU的指令确定充电模式。车载充电机内部有滤波装置,可以抑制交流电网波动对车载充电机的干扰。高压接线盒接收车载充电机或直流充电桩的电能,并输送给动力电池总成。整车充电系统电气连接见图4-55。

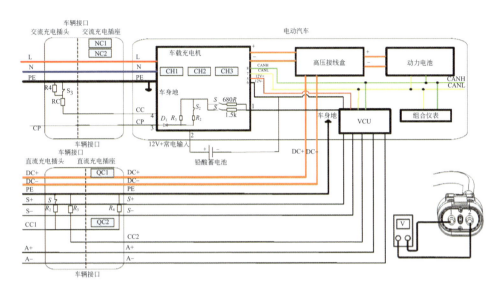

▲ 图4-55 整车充电系统电气连接

项目4　电池管理系统

4.4.1　比亚迪E6电池管理系统

(1)分布式电池管理

动力电池采用分布式管理器,负责整车电动系统的电力控制并实施监测高压电力系统的用电状态,采取保护措施,保证车辆安全行驶。

主要作用:动力电池状态监测、充放电功能控制、预充控制。

分布式电池管理器比集中式电池管理器的优势:

① 结构更加优化、智能,原来电压、温度采样线现在已经被替代;

② 布置更加合理,上位机的体积减小,有利于整车空间的充分利用,便于布置;

③ 性能更加完善,增加下位机采集器后,能够更加精确地控制电池的电压,通过均充均放保证单体的一致性,提高电池性能;

④ 整车更加安全，在电池内部增加继电器和保险，不仅保证了电池包本身的安全，同时也为整车提供了安全保障；

⑤ 电压采样线和温度采样线走线比较方便，固定比较容易；

⑥ 分布式电池管理器的防水等级更高（IP67），而且安装的位置比较高，更加可靠；

⑦ 安全性更好，集中式的电压采样线从电池包直接引出到电池管理器，线束破损或者接插件进水则容易产生安全隐患，还容易使电池管理器短路而烧毁。

E6分布式电池管理控制器安装位置如图4-56所示。

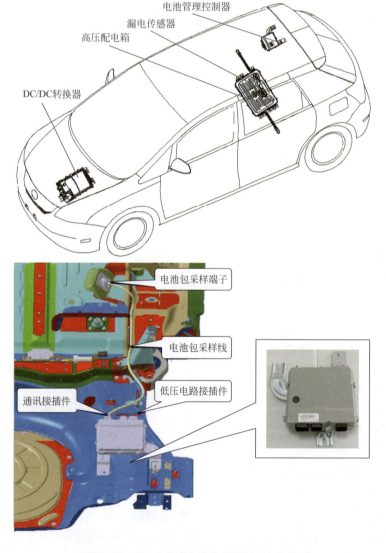

▲ 图4-56　E6分布式电池管理控制器安装位置

分布式电池管理控制器端子针脚图见图4-57。其端子定义见表4-3。

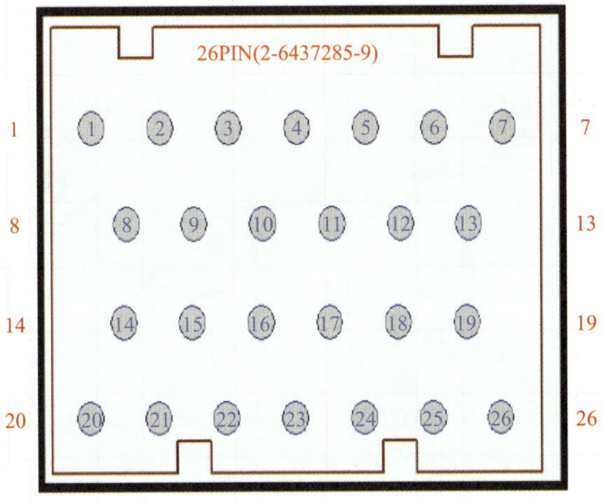

▲ 图4-57 分布式电池管理控制器端子针脚图

表4-3 分布式电池管理控制器端子定义

针脚号	功能定义
1	CAN3L（采集器）
2	采集器CAN3屏蔽地
3～6	未连接
7	BIC电源+12V_ISO
8	CAN3H（采集器）
9～13	未连接
14	12VDC（双路电）（预留）
15	12VDC（双路电）（预留）
16～19	未连接
20	电池内部接触器控制1
21～25	未连接
26	BIC电源地GND_ISO

（2）集中式电池管理系统

集中式管理器动力电池包每个单体3.3V，共96个单体，电池包标称电压316.8V、容量180A·h，一次充电57kW·h。组成：96个单体，电压采样线束1条，温度采样线束1条，托盘1个。高压电池包接口线连接如图4-58所示。

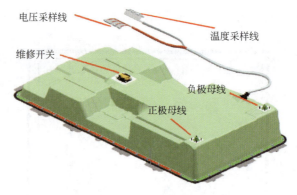

▲ 图4-58 高压电池包接口线连接

E6电池管理系统采用集中式电池管理器系统（Battery Management System，BMS），是电动汽车电池系统的参数测试及控制装置，具有安全预警（温度、电压、漏电、碰撞）与控制、剩余电量估算与指示、充放电能量管理与过程控制、信息处理与通讯等主要功能。管理模块安装位置见图4-59。

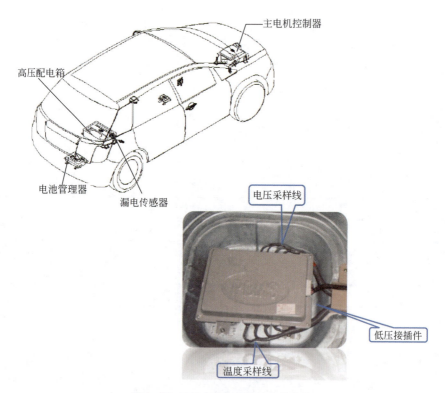

▲ 图4-59 E6电池管理模块安装位置

4.4.2 众泰E30EV电池管理系统

EV电池系统主要由电池管理系统（Battery Management System，BMS）、维修开关及动力电池组组成。众泰E30电动汽车将电池管理系统控制单元与动力电池统一集成安装在动力电池包中。

如图4-60所示，EV-BMS由1个电池管理主控单元（BCU）和1个电池管理从控单元（BMU）构成，每个BCU检测24节串联电池电压以及6个温度点的温度，每个BMU检测24节串联电池电压以及8个温度点的温度。

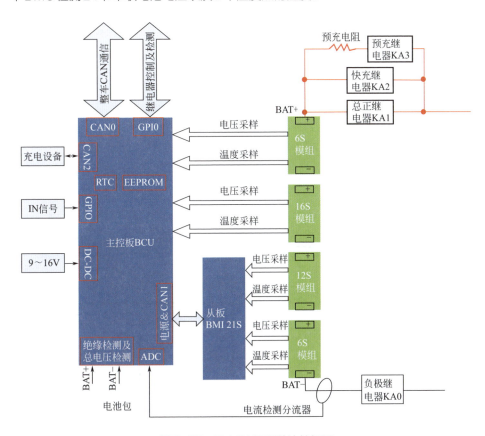

▲ 图4-60　EV-BMS系统连接框图

BMS电池管理系统主要功能如下。

① 电池单体电压及电池组总电压检测（40个单体电压及总电压）；

② 电池组温度检测及热管理（10个外部温度点检测及2路内部温度检测，加热控制电路）；

③ 电池组充放电电流的检测（分流器）；

④ 3路CAN通讯（整车CAN，内部CAN，预留快充CAN）；

⑤ 管理系统供电电源检测，系统上电控制（ACC&ON&慢充，延时掉电等功能）；

⑥ 电池组高压模块的管理（总正&慢充，总负，预充，加热）；

⑦ 电池组故障诊断（包含但不限于过压、欠压、过流、过温、绝缘、SOC过低、CAN通讯、预充电失败、继电器故障等）；

⑧ 电池组SOC估算；

⑨ 在线软件升级功能；

⑩ 外部控制信号的检测（高压接插件状态，唤醒信号等）；

⑪ 电池组漏电检测；

⑫ 慢充及快充检测接口（国标）；

⑬ BMS数据存储功能；

⑭ 单体电芯均衡功能；

⑮ 充电管理（交流充电和直流充电）；

⑯ 实时最大允许充放电功率或电流估算。

众泰E30电动汽车高压系统连接框图如图4-61所示，BMS系统电路连接见图4-62。

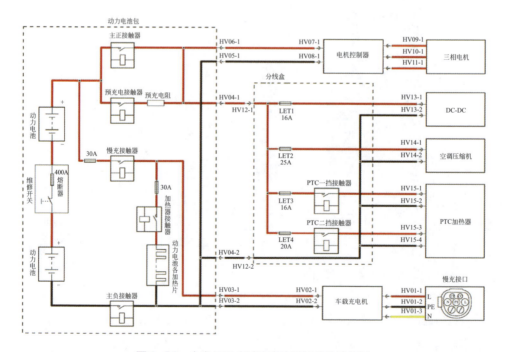

▲ 图4-61 众泰E30电动汽车高压系统连接框图

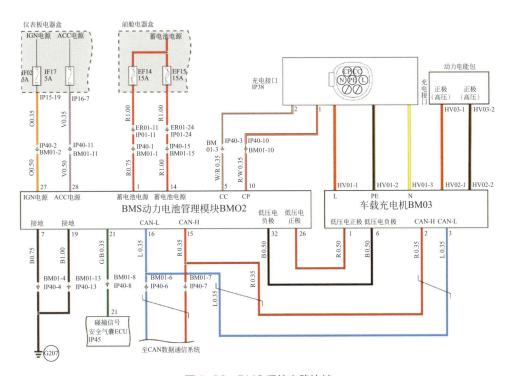

▲ 图4-62 BMS系统电路连接

项目5 电源转换系统

变压器在电力电子装置中集成了两个变压器。它们可转换高压蓄电池的288V直流电压,以供电机和12V车载电网使用。变压器连接车载高电压设备和12V设备。因为没有交流发电机,车载电网的12V电池只能通过电动机进行充电。为此,来自高电压设备的288V直流电必须转换为12V车载电网蓄电池的充电电压。途锐混合动力版12V车载电网蓄电池的安装位置与途锐基本款相同,都在驾驶员座椅下方。

这里电动机作为一个三相交流同步发电机工作,但蓄电池只能储存直流电压,所以在电力电子装置中集成安装了一个直流/交流变压器。变压器工作原理图见图4-63。

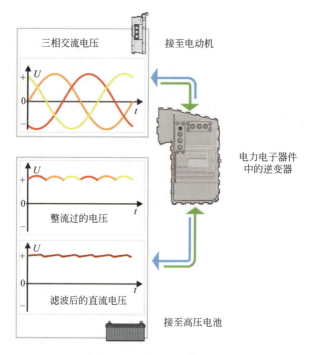

▲ 图4-63　变压器工作原理

该变压器将高压蓄电池的288V直流电压转换为可供电动机使用的三相交流电。

当电动机作为发电机运行时，它将交流电压转化为288V直流电压，为高压蓄电池充电。

整流后的电流再经过滤波，流经高压蓄电池至高电压系统和驾驶员座椅下方的12V蓄电池和电力电子装置的电容器至12V车载电网。

4.5.1　宝马电源转换器

以宝马F49 PHEV车型为例，电动机电子装置中的DC/DC转换器可以应用于下述操作模式。

- 备用（组件故障、短路、电力电子装置闭合）；
- 降压模式（能量传送至低压侧，转换器调整低压侧的电压）；
- 高压链路电容器放电（联锁故障，事故，控制要求）。

电动机电子装置未投入运行时，DC/DC转换器处于"备用"模式。当未向EME控制单元供给指定电压时会出现这种状况，比如，终端状态。但是如果存在故障，EME控制单元会促使DC/DC转换器进行"备用"模式。在这种操作模式中，两个汽车电气系统之间不存在能量传输，电流相互独立。

当高压系统处于启用状态时，降压模式是一种正常的操作模式。DC/DC转换器将高压电气系统的电能传送至12V汽车电气系统，并承担传统汽车中发电机的功能。DC/DC转换器必须降低高压电气系统至汽车低压电气系统的电压变化。汽车高压电气系统中的电压取决于高压蓄电池单元的充电状态（220~300V）。

汽车低压电气系统中的电压可以控制DC/DC转换器，确保12V蓄电池处于最佳充电状态，并根据充电状态及蓄电池的温度将电压设定在14V左右。DC/DC转换器的持续输出功率为2400W。DC/DC转换器原理图见图4-64。

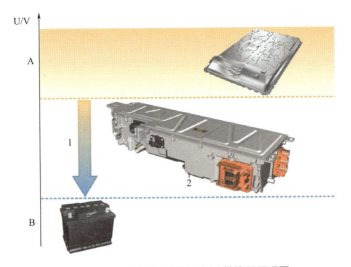

▲ 图4-64　F49 PHEV DC/DC转换器原理图

A—汽车高压电气系统，220~300V；B—汽车低压电气系统，约14V；1—降频转换；2—EME中的DC/DC转换器

F49 PHEV中的DC/DC转换器技术还可以启用"eBOOST"操作模式，与宝马F04中的DC/DC转换器相同。但是，F49 PHEV中未使用这种操作模式。因此，无法通过12V汽车电气系统为F49 PHEV的高压蓄电池充电。

高压系统关停（常规关停或快速关停）过程中，DC/DC转换器保留最后一种操作模式。为了对高压系统进行关停，系统必须在5s内放电至低于60V的安全电压。DC/DC转换器为链路电容器配置了一个放电电路，见图4-65。首先，放电电路尝试将链路电容器中存储的能量输送至汽车低压系统。如果该项动作未能引发电压的快速降低，则通过启用的电容器实施放电。高压电气系统通过这种方式在5s内放电。从安全角度考虑，还配置了一种被动放电电容器（平行开关）。在前两种方式出现故障无法工作时，通过这种方式可以确保高压电气系统的放电。将电压放电至低于60V的周期较长，最长时间为120s。

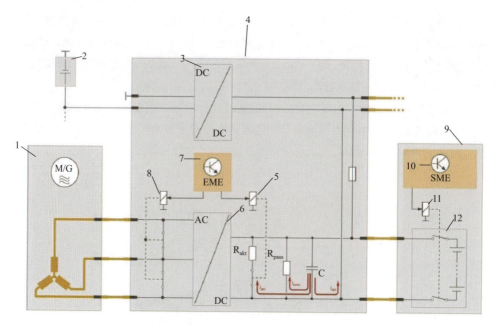

▲ 图4-65　F49 PHEV高压链路电容器的放电电路

1—电机；2—与12V汽车电气系统进行的连接；3—DC/DC转换器；4—电动机电子装置（整个）；5—继电器（用于启用电容器放电）；6—双向DC/AC转换器；7—EME控制单元；8—继电器（用于电动机线圈短路）；9—高压蓄电池单元；10—SME控制单元；11—机电式接触器；12—高压蓄电池单元；C—链路电容器；R_{pass}—被动放电电容器；R_{akt}—主动放电电容器

　　DC/DC转换器的温度通过温度传感器测量，并通过EME控制单元进行监控。如果温度超过许可范围，即便采用冷却液进行冷却，EME控制单元仍将降低DC/DC转换器的功率，以便保护组件。

　　启用电动机的电力电子装置主要采用DC/AC转换器制作而成。这是一种带有双路DC电压接口和3相AC电压接口的脉冲转换器。在其作为电动机工作时，这种DC/AC转换器可以作为换流器工作，并且可以将高压蓄电池单元的能量传导至电动机，见图4-66。

　　但是，DC/AC转换器也可以作为一种整流器，并将电动机的电能传导至高压蓄电池单元。这种功能在制动能再生过程中执行，在此过程中，电动机作为发电机，并且可以产生电能。

　　DC/AC转换器的操作模式通过EME（电动机电子装置）控制单元界定。EME（电动机电子装置）控制单元还接收DME控制单元发出的设定值（主要输入变量），电机应为DME（数字式电动机电子装置）控制单元提供扭矩（数量和信号）。通过这个设定值以及电动机的当前操作状态（发动机转速和扭矩），EME控制单元可以判定

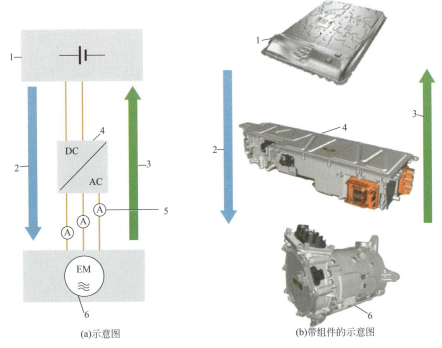

▲ 图4-66　F49 PHEV双向DC/AC转换器的操作模式

1—高压蓄电池单元；2—操作模式为转换器时，电动机为发动机；3—操作模式为整流器时，电动机为交流发电机；4—DC/AC转换器；5—电流传感器；6—电动机

DC/AC转换器的操作模式以及电动机相位电压的振幅和频率。根据此类规范，DC/AC转换器的功率半导体元件被同步启用。

除DC/AC转换器外，电力电子装置还含有电流传感器，电流传感器位于DC/AC转换器AC电压侧的三个相位内。通过电流传感器发出的信号，EME（电动机电子装置）控制单元对应用于电力电子装置及电动机的电动功率以及电动机所产生的扭矩进行监控。电动机电子装置的控制回路通过到电动机内电流传感器和转子位置传感器的信号关闭。

电动机电子装置和电动机的性能数据相互协调。为了避免电力电子装置超负荷，DC/AC转换器中还配备了另外一个温度传感器。如果通过这种信号发现功率半导体元件温度超高，EME控制单元可以降低输送至电动机的功率，以便保护电力电子装置。

4.5.2　众泰电源转换器

电源转换系统主要由蓄电池与DC/DC转换器组成。其主要功能是为低压电器件提供工作电源。低压蓄电池一般为免维护铅酸蓄电池。

DC/DC转换器是将一种直流电变换为另一种直流电技术设备，主要对电压、电流实现变换。DC/DC转换器系统负责将动力电池144V的高压直流电转换为13.8V±0.2V低压直流电。为整车低压电器提供电能，并且在12V蓄电池亏电时给蓄电池充电。

DC/DC转换器为硬件逻辑控制，无控制软件。输入电压正常建立后，DC/DC转换器就进入待机状态，给定使能信号，DC/DC转换器就开始运行。发生保护，则DC/DC转换器停机保护；故障恢复，则DC/DC转换器恢复运行。

高压充电完成后，车辆控制器控制DC/DC接触器闭合，DC/DC转换器高压端得电，进入待机状态。

车辆控制器自检无故障后，发出DC/DC使能信号，DC/DC转换器接收到使能信号后，进入工作状态，将动力电池高压电转换为低压直流电给低压用电系统供电。

DC/DC转换器故障时，发出DC/DC故障信号，车辆控制器收到后，停止DC/DC使能信号的输出，DC/DC转换电路停止工作。转换器给低压蓄电池充电控制流程如图4-67所示。

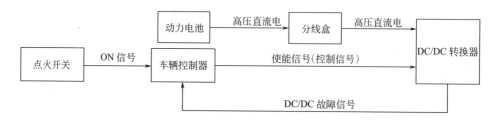

▲图4-67 转换器给低压蓄电池充电控制流程

DC/DC为隔离型电源转换器。它先把动力电池的直流电压转换为交流电压，经变压器降压后，再转换为直流电压，从而输出为蓄电池进行充电，工作原理见图4-68。众泰E30电动汽车DC/DC转换器电路如图4-69所示。

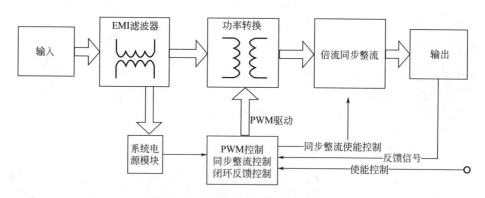

▲图4-68 DC/DC转换器工作原理

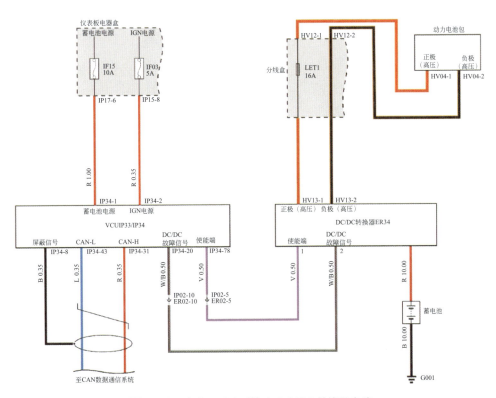

▲ 图4-69 众泰E30电动汽车DC/DC转换器电路

项目6 高压分配系统

4.6.1 宝马i3高压分配系统

在配有高压系统的车辆中安装了高于60V的直流电压或高于30V的交流电压驱动的组件。这些车辆中的组件大多数需要电气功率。电动汽车的高压系统在直流电压低于650V的情况下运转，并且必须为车辆的驱动装置和一些便捷功能提供大量电力。高压系统部件分布如图4-70所示。

高压电气系统的功率管理包括两个子功能：一个用于驱动模式，一个用于充电模式。

在驾驶模式条件下，高压蓄电池单元产生的能量传送至高压用电装置，能量在能量回收过程中协同输送至高压蓄电池单元。EME执行下述动作，并且一直重复。

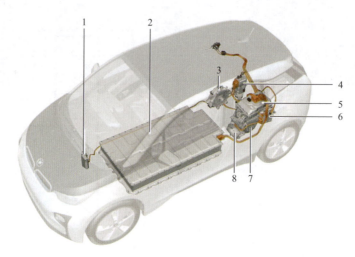

▲ 图4-70　宝马i3高压系统部件分布

1—电控辅助加热器；2—高压蓄电池单元；3—增程设备电动机；4—增程设备电动机电子单元（REME）；5—电动机电子伺控系统（EME）；6—便捷充电电子控制系统（KLE）；7—电动机；8—电动空调压缩机（EKK）

① 查询高压蓄电池单元是否有可用功率（信号源：SME）。

② 查询高压蓄电池单元可以使用何种功率（信号源：SME）。

③ 查询所需电力驱动装置所需的驱动或制动功率（信号源：DME）。

④ 查询空调所需的功率（电气加热装置、EKK、IHKA）。

⑤ 判定发送至用电装置控制单元的电动功率和通信。

在充电模式条件下，高压电力管理需要执行另一项任务：它通过EME可以控制从汽车外部传导至高压蓄电池单元的能量，如有必要，它还可以通过便捷充电电子装置控制传导至电气加热装置或电动空调压缩机的能量。EME一直重复下述各项步骤。

① 查询外部是否有可用功率（信号源：KLE）。

② 查询高压蓄电池单元可以使用何种功率（SME）。

③ 查询空调所需的功率（IHKA）。

④ 要求来自EME的必要功率。

⑤ 可用局部功率与接收器、高压蓄电池单元（SME控制单元）、加热和空调系统的沟通（IHKA控制单元）。

外部可用功率无法处于较高等级；它受到功率网络和EME的限制。因此，在其可以进行分配前必须查询可用功率。根据其充电状态，比如，高压蓄电池单元无法吸收任意数量的功率，这就是为何必须首先对该数值进行查询的原因。根据高压蓄电池单元的温度，或驾驶员发出的加热或空调要求，加热及空调系统同样需要提供电动功率。该数值是高压电力管理在充电模式下第三重要的输入信号。通过该信息对所需功率进行控制并配送至用电装置。

电动机电子装置不仅为电动机提供电压。便捷充电装置与电动机电子装置直接相连，并保障以高压的形式为电动空调压缩机及电气加热装置提供电压。

但是，便捷充电电子装置在该项操作中不存在复杂的控制功能。相反，电动机电子装置作为（由高压蓄电池单元提供）高压直流电压的一种简单分配器。为了避免两个高压用电装置的高压电缆在短路时出现超载，电动机电子装置中为EKK和电气加热装置分别配备了高压熔丝。高压熔丝的标称电流等级为60A。

4.6.2 比亚迪唐高压配电箱

高压配电箱总成主要是通过对接触器的控制来实现将动力电池的高压直流电供给整车高压电器，以及接收车载充电器或是非车载充电器的直流电来给动力电池充电；同时含有其他的辅助检测功能，如电流检测，漏电监测等。高压配电箱实物如图4-71所示。

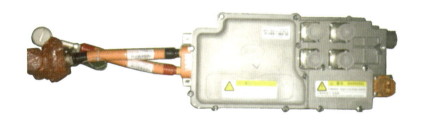

▲图4-71 比亚迪唐的高压配电箱

高压配电箱功能如表4-4所述。

表4-4 高压配电箱功能

项目	功能	描述
1	高压直流输出（放电）	通过电池管理器控制预充接触器、主接触器等吸合，使放电回路导通，为前后电机控制器、空调负载供电
2	车载充电器单相充电输入	通过电池管理器控制车载充电接触器吸合，使车载充电器充电回路导通，为动力电池充电
3	电流采样	通过霍尔电流传感器采集动力电池正极母线中的电流，为电池管理器提供电流信号
4	高压互锁功能	通过低压信号确认整个高压系统盖子及高压接插件是否已经完全连接，现设计为三个相互独立的高压互锁系统：驱动系统（串接开盖检测）；空调系统；充电系统

比亚迪唐高压配电箱外部连接如图4-72所示，内部结构见图4-73、图4-74。

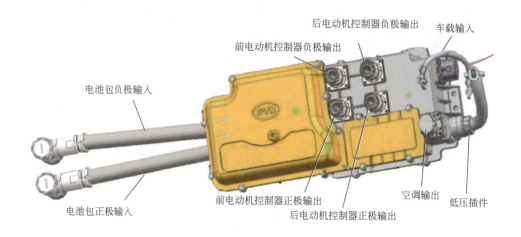

▲ 图4-72 比亚迪唐高压配电箱外部连接

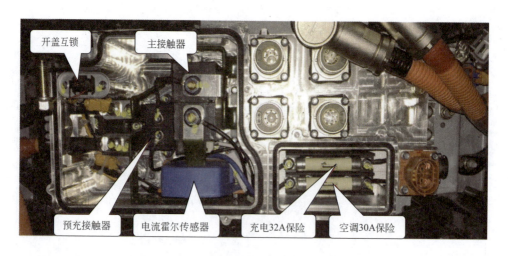

▲ 图4-73 比亚迪唐高压配电箱内部结构一

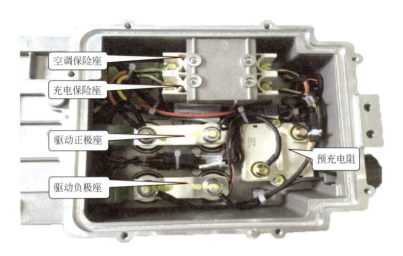

▲ 图 4-74　比亚迪唐高压配电箱内部结构二

4.6.3　奥迪 Q5 高压分配系统

奥迪 Q5 在高压系统内要完成 IT 线路结构转换。I 代表绝缘传递电能（通过单独的、对车身绝缘的正极导线和负极导线）。T 表示所有用电器都采用等电位与车身相连，该导线由控制单元 J840 在绝缘检查时一同监控，以便识别出绝缘故障或者短路。奥迪 Q5 高压分配系统如图 4-75 所示。

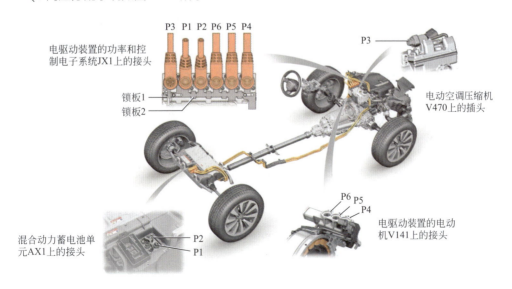

▲ 图 4-75　奥迪 Q5 高压分配系统

高压装置内有如下线路段。

- 从高压蓄电池到功率控制电子装置的两根高压线（P1，P2）。
- 从功率控制电子装置到电驱动装置电动机的三根高压导线（P4，P5，P6）。
- 从功率控制电子装置到空调压缩机的一根双芯高压线（P3）。

接头	编号	环颜色和局部颜色	状态
功率控制电子装置—高压蓄电池 混合动力蓄电池高压线束PX1	P1	红色	T+（HV-Plus）
	P2	棕色	T−（HV-Minus）
功率控制电子装置—空调压缩机	P3	红色	—
功率控制电子装置—电驱动装置的电动机 电动机高压线束PX2	P4	蓝色	U
	P5	绿色	V
	P6	紫色	W

项目7　能量回收系统

4.7.1　宝马X1混动制动能量回收

混动汽车中，大多数的制动能量并非转换为无用的热能，而是转换成电流。这种电流临时存储在高压蓄电池单元中，在后期可以根据需要输送至驱动系统。因此，宝马X1 PHEV中的制动作用力可以进行下述分类。

- 液压制动。
- 再生制动。
- 液压及再生组合制动。

制动作用力的分布示意图见图4-76。

判定再生制动等级主要有两个输入变量：油门踏板角度及刹车踏板角度。如果数字电动机电子装置（DME）检测到油门踏板未按下，则要求电动机电子装置（EME）在滑行模式下启用电动机和高压启动电动发电机开始回收能量。

如果驾驶员额外踩下制动踏板，动态稳定控制系统（DSC）通过制动踏板上的制动踏板传感器检测到预期的减速度，并将信息传送至数字电动机电子装置（DME）。DME计算电动机及高压启动电动发电机在预期减速度下的能量回收功率。

在可能的情况下不使用车轮制动，直至达到1.1m/s^{2}的最大可能再生减速度。但是，刹车片作用于刹车盘可以减少间距（备用快速制动），并保持刹车盘的清洁。

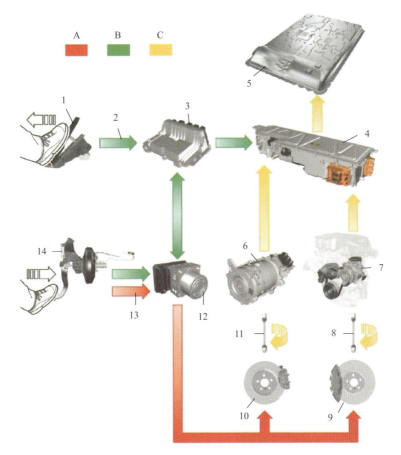

▲ 图4-76 宝马X1 PHEV中液压制动和再生制动的分布示意图

A—液压制动；B—信号路径；C—再生制动；1—油门踏板模块；2—带有油门踏板角度的数据记录；3—数字式电动机电子装置DME；4—电动机电子装置（EME）；5—高压蓄电池单元；6—电动机；7—高压启动器电动发电机；8—前桥上的再生制动扭矩；9—前轮液压制动；10—后轮液压制动；11—后桥上的再生制动扭矩；12—动态稳定控制系统DSC；13—带有油门踏板角度的数据记录；14—制动踏板

　　动态稳定控制系统（DSC）中的改动用来解耦液压制动，从而启用再生制动实现能量回收。DSC液压回路系统如图4-77所示。

　　通过F49 PHEV的制动系统可以为再生制动提供更大的刹车踏板行程。这种配置通过DSC液压控制单元中的智能功能序列启用。通过这种配置，在再生制动中会有一种自然踏板的感觉，与常规汽车之间仅存在细微的差别。

　　如果后桥电机离合器打开（>130km/h），滑行模式或制动过程中不存在通过电动机提供的能量回收。在这种驾驶速度（>130km/h）条件下，制动产生的能量完全被抑制，滑行模式下只有通过高压启动电动发电机提供的能量回收。

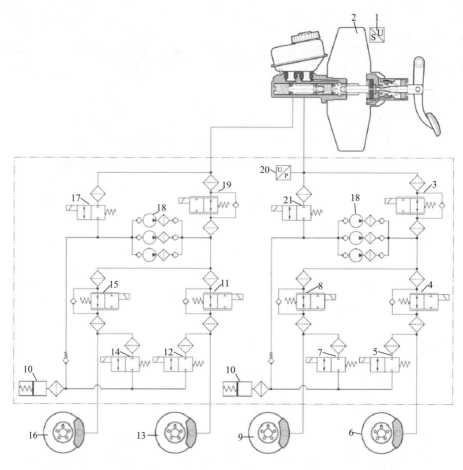

▲ 图4-77 宝马X1 PHEV中MK100高端混动的DSC液压回路系统

1—刹车踏板行程传感器；2—制动助力器；3—分离器阀（制动回路1）；4—进气阀（右前）；5—排气阀（左前）；6—车轮制动（右前）；7—排气阀（左后）；8—进气阀（左后）；9—车轮制动（左后）；10—低压蓄能器；11—排气阀（右后）；12—进气阀（右后）；13—车轮制动（右后）；14—排气阀（左前）；15—进气阀（左前）；16—车轮制动（左前）；17—切换阀（制动回路2）；18—6活塞液压泵；19—分离器阀（制动回路2）；20—制动压力传感器；21—切换阀（制动回路1）

  能量回收在低速行驶时同样会降低，因此，时速低于10km时完全通过液压进行制动。否则电动机会出现不规则减速，这种设置可以确保驾驶舒适性不受影响。在过渡阶段，再生制动功率降低，液压制动功率增加，以便确保平稳制动。再生制动的减少通过液压制动进行无缝补偿，图4-78以车轮制动为例描述了DSC液压控制单元在再生制动过程中的工作流程。

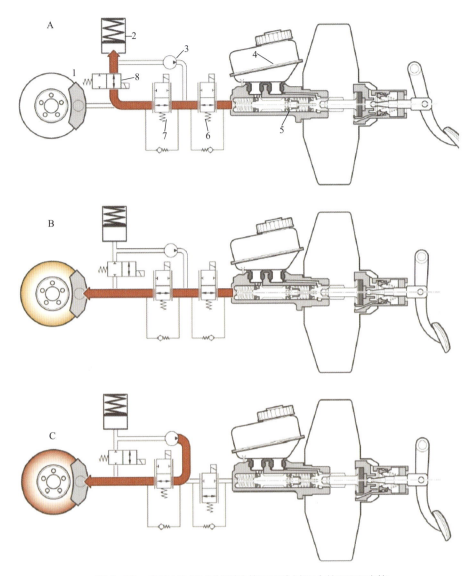

▲ 图4-78 宝马X1 PHEV制动能量再生过程中的DSC功能

A—再生制动；B—液压及再生复合制动；C—液压制动；1—车轮制动；2—低压蓄能器；3—DSC液压泵；4—制动液膨胀箱；5—串联制动主缸；6—分离器阀；7—进气阀；8—排气阀

● 情形A：再生制动

达到特定点前，刹车踏板只能用来读取DSC控制单元发出的减速请求。制动液体积被串联制动主缸（5）抑制，与DSC单元中的低压蓄能器（2）集成为一体。排气阀（8）打开。通过刹车踏板行程传感器读取驾驶员的制动要求，并通过DSC控制单元计算转化成制动扭矩。该信息通FlexRay数据总线传送至DME。电动机电子装置（EME）将制动扭矩输送至后桥上的电动机和汽油发电机中的高压启动电动发电机。刹车片和刹车盘之间的间隙降至最小，确保刹车片的灵巧动作。

- 情形B：液压和再生复合制动

如果在再生（交流发电机）模式下达到最大制动功率，并且刹车踏板行程持续增加，则排气阀（8）闭合，并且不对蓄积的液压进行检查。电动机和液压制动的效果在这种情况下相互叠加。

- 情形C：抑制再生制动

再生制动在这种情形下被液压制动取代。因此，DSC液压泵（3）将低压蓄能器（2）中收集的制动液输送至车轮制动（1），并确保压力蓄积与当前的减速要求相对应。该回路通过分离器阀（6）闭合。如果驾驶员可以通过分离器阀（6）上的截止阀增加制动作用力。如果出现故障，再生制动效果立即终止，通过DSC单元中的六活塞液压泵立即产生必要的制动压力。

4.7.2 本田雅阁-锐混动能量再生

电动伺服制动用于在减速期间确保高效再生。其部件包括一个踏板感觉模拟器和一个串联式电动机气缸，见图4-79。

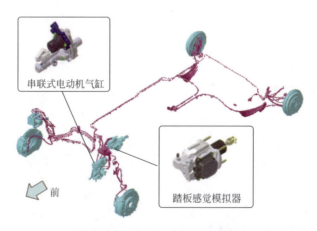

▲ 图4-79 电动伺服制动系统组成

当制动开始时，电动伺服会减少通过制动系统产生的制动扭矩，并增加通过电动机再生产生的制动扭矩，从而再生能量。当车速下降时，通过制动系统产生的制动扭矩增加，且通过电动机再生产生的制动扭矩减少，使总的制动扭矩保持不变。理论上，制动片的使用寿命将延长。系统控制特性曲线如图4-80所示。

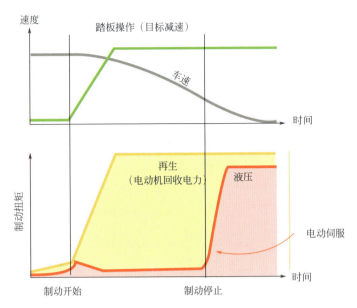

▲ 图4-80 电动伺服制动系统控制特性曲线

图4-81所示为组成电动伺服制动系统的部件。

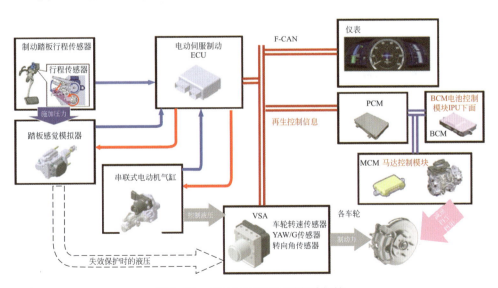

▲ 图4-81 电动伺服制动系统组成部件

① 电动伺服制动运行（未踩下制动踏板时）：当在某个操作状态下（且电源开关开启）未踩下制动踏板时，VSA的总泵切断阀（MCV）打开且踏板力模拟器侧的阀打开。

② 电动伺服制动运行（正常运行）：正常运行期间，MCV关闭而踏板力模拟器阀（PFSV）打开。因此，踩下制动踏板所产生的制动机油压力不会传输到VSA。踏板力模拟器会产生踩下制动踏板的虚拟感觉。VSA起作用时，同样有踏板反弹的感觉。

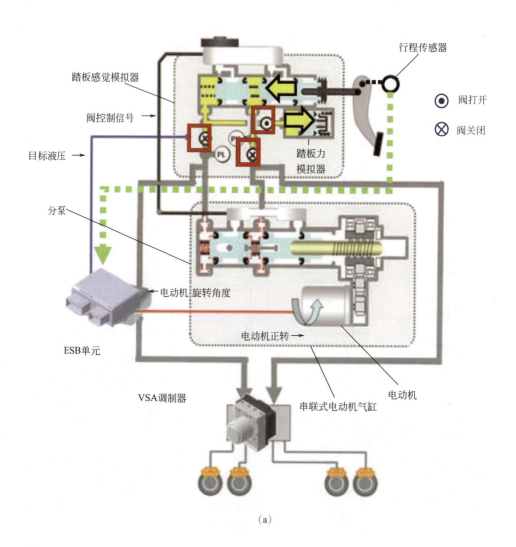

(a)

旋转串联式电动机气缸中电动机的扭矩通过齿轮箱转换为分泵中活塞的推力,从而对 VSA 调制器产生液压。产生的液压根据行程传感器的信号以 ESB 单元进行计算,并通过串联式电动机气缸中电动机的旋转角度控制。控制原理见图 4-82。

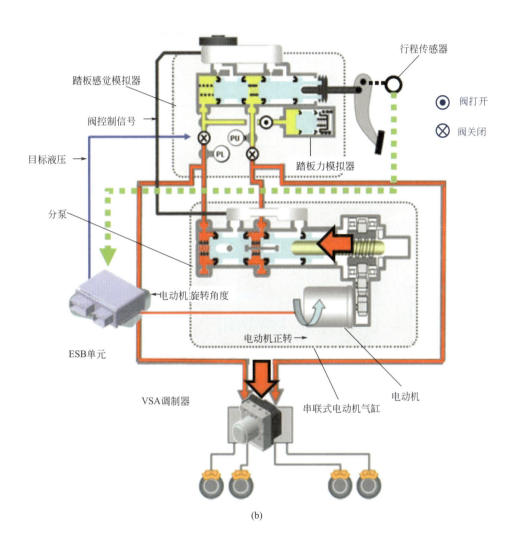

(b)

▲ 图 4-82 电动伺服制动正常模式控制原理

③ 电动伺服制动运行（再生联合控制）：再生联合控制期间，MCV关闭而PFSV打开。ESB单元根据潜在再生信息驱动串联式电动机气缸中的电动机，以降低VSA侧的液压。控制原理见图4-83。

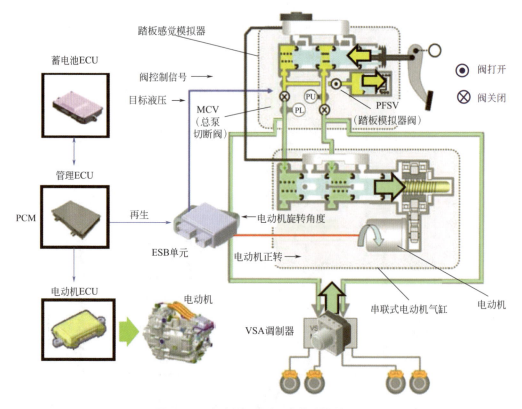

▲ 图4-83 电动伺服制动再生模式控制原理

④ 电动机伺服制动运行（失效保护期间）：失效保护期间，总泵切断阀（MCV）打开，而PFSV关闭。踩下制动踏板所产生制动机油压力操作制动钳和鼓式制动器以产生制动力。控制原理见图4-84。

ESB（电动伺服制动）单元的启动和关闭原理见图4-85。

电动伺服制动在以下情况中激活：接收到车门打开信号且电源开关为OFF时，或电源开关显示已转到ON时。

电动伺服制动在以下情况中自动关闭：电源开关为OFF的情况下，车门打开后约3min时，或电源开关从ON转到OFF后约3min时。

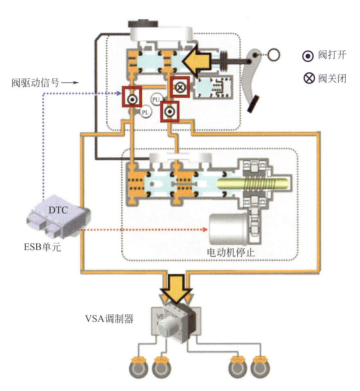

▲ 图4-84 电动机伺服制动失效保护模式控制原理

注意：必须在电动伺服系统关闭的情况下，才能对管路进行排气。

系统唤醒正时	车门打开
	点火开关打开
系统关闭正时	车门打开后3min
	点火开关打开后3min

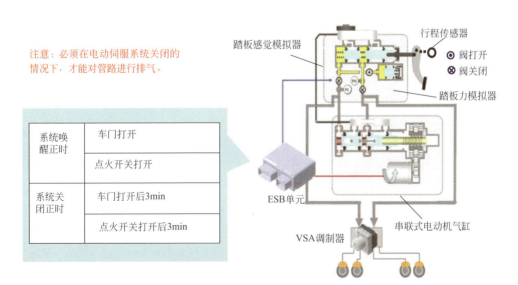

▲ 图4-85 电动伺服制动启动与关闭原理

项目8 高压安全

4.8.1 比亚迪高压安全防护

以秦车型为例,针对功能失效、高压安全等方面所做的防范工作主要有电源极性反接防护、被动泄放、主动泄放、高压互锁、开盖检测、碰撞保护等,安全防护构成见图4-86。

▲ 图4-86 比亚迪秦安全防护构成

安全防护策略	操作说明
电源极性反接保护	当因不当操作或其他原因导致秦的高压产品的供电电压极性反转时,驱动电机控制器、DC/DC变换器、动力电池管理器均可保护自己不被烧坏。当此极性反转的电压去除掉后,这些电控产品均仍可正常工作
碰撞保护	当车辆发生碰撞时,动力电池管理器检测到碰撞信号大于一定阈值时,会切断高压系统主回路的电气连接,同时通知驱动电动机控制器激活主动泄放,从而可使秦发生碰撞时的短路危险、人员电击危险降低到最低
主动泄放	驱动电动机控制器中含有主动泄放回路,当检测到车辆发生较大碰撞、或高压回路中某处接插件存在拔开状态、或含有高压的高压电控产品存在开盖情况,可在5s内将高压回路直流母线电压泄放到60V以下,迅速释放危险电能,最大限度保证人员安全
被动泄放	在含有主动泄放的同时,驱动电动机控制器、空调驱动控制器等内部含有高压的高压电控产品同时设计有被动泄放回路,可在2min内将高压回路直流母线电压泄放到60V以下,被动泄放作为主动泄放失效的二重保护
高压互锁	秦的高压互锁包括结构互锁和功能互锁 结构互锁:秦的主要高压接插件均带有互锁回路,当其中某个接插件被带电断开时,动力电池管理便会检测到高压互锁回路存在断路,为保护人员安全,将立即进行报警并断开主高压回路电气连接,同时激活主动泄放。 功能互锁:当车辆在进行充电或插上充电枪时,秦的高压电控系统会限制整车不能通过自身驱动系统驱动,以防止可能发生的线束拖拽或安全事故

续表

安全防护策略	操作说明
开盖检测	秦的重要高压电控产品具有开盖检测功能，当发现这些产品的盖子在整车高压回路连通的情况下打开时，会立即进行报警，同时断开高压主回路电气联接，同时激活主动泄放

4.8.2 奔驰C300 PHEV高压防护

奔驰C300 PHEV插电混动车型使用了如表4-5所示高压防护措施。

表4-5 奔驰C300 PHEV插电混动车型高压防护措施

安全措施	说明
直接触摸保护（ECE-R 100）	• 壳体、盖板、防护板、高电压导线绝缘 • 确保可在运行中访问带电部件的盖板和壳体仅能通过复杂的拆卸去除
间接接触保护	高压电网中的所有装置通过导电的壳体、盖板与底盘连接（最大接触电阻10mΩ）
标识	• 用高电压警示标签对所有高电压组件进行标识 • 用"橙色"来标记高电压电缆和护套
电位隔离	高电压网已与底盘（接地）和12V车载电气系统的正极绝缘（全极隔离）
联锁装置	联锁装置可确保切断高电压车载电气系统的电压或在访问高电压车载电气系统时，高电压车载电气系统不激活
绝缘监控	高电压网和底盘（接地）以及12V车载电气系统之间的绝缘监控和在识别到绝缘故障时，关闭高电压车载电气系统直至车辆停止（仪表盘警告和启动阻碍）
过载电流保护装置	出现过载电流时，必须保护高电压电缆，以免损坏。在最短的时间识别该危险并采取必要措施（如保护性切断、熔丝等）
碰撞识别	将识别到某种程度的碰撞（即便是在停车和内燃机关闭的状态下），然后高电压车载电气系统关闭并切断充电装置
高电压切断装置	电源断开后，必须根据当前有效的WIS文档确定高电压车载电气系统已锁上，以防止重新接通（接通点火开关），另外，高电压切断装置已打开且用接通锁（挂锁）锁上

联锁装置回路用于人员的接触防护，以免无意间接触到高电压组件，回路组成见图4-87。为此，通过可拆卸的高压断开装置（串联电路）传递一个12V/88Hz的电气信号。拔下时，高电压车载电气系统将识别到断路，随后高电压车载电气系统停用，同时电容器中间电路放电。

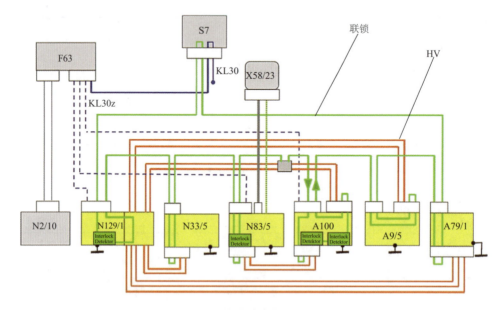

▲ 图4-87 联锁装置回路

A9/5—电动制冷剂压缩机；A79/1—电动机；A100—高电压蓄电池模块；F63—燃爆熔丝；N2/10—辅助防护系统（SRS）控制单元；N33/5—高电压正温度系数（PTC）辅助加热器；N83/5—充电装置；N129/1—电力电子装置控制单元；S7—高电压切断装置；X58/23—充电装置供电插座

模块 5 电动机与动力控制系统

项目1　电动机构造分解

5.1.1　电动机基本构造与原理

电动机/发电机是用来取代交流发电机、电动机和启动马达的统一称呼。理论而言，任何电动机也可被用作交流发电机。当机械驱动电动机/发电机时，它将作为交流发电机供电。当向电动机/发电机供给电流时，它作为驱动运行。用于推进的电动机/发电机是液冷式电动机/发电机。当然也可用风冷式电动机/发电机。

在完全混合动力车（HEV）中，电动机/发电机还能起到发动机启动马达的作用。

三相电动机经常用作电动机/发电机。三相电动机由三相交流电供能。在该同步电动机中，若干对永磁体位于转子上方。由于对三相线圈连续供电，因此它们会产生一个旋转电磁场，从而在使用电动机/发电机驱动车辆时使转子旋转。

当电动机/发电机用作交流发电机时，转子的运动会使线圈产生三相交流电压，并转换成动力电子元件中高压蓄电池的直接电压。通常情况下，车辆会使用所谓的"同步电动机"。就此而论，"同步性"即"同步运行"，指的是定子线圈中能量场的转速与带永磁体转子转速的比率。

同步电动机与非同步电动机相比的优势在于，同步电动机在自动化应用时可以更精确地控制电动机。

电动机/发电机由转子、定子组成，通过动力电子元件和高压蓄电池连接，电动机装有一个定子绕组，绕组如同电动机一样，可产生一个旋转磁场。电动机组成部件和电路连接如图5-1所示。

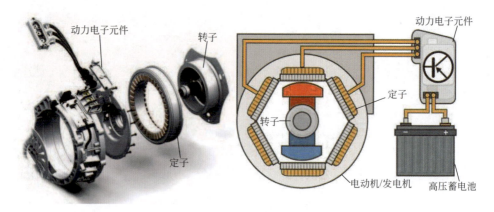

▲ 图5-1 电动机组成部件和电路连接

当电动机作为电动机工作时,定子绕组会产生一个旋转磁场。转子是一个可以产生磁场的永磁体。同步电动机的转速可通过感应交流电的频率精确控制。系统中装有一个变频器,对同步电动机转速进行无级调整。转子位置传感器可持续检测转子的位移,控制电子器件以此测定发动机实际转速。电机工作原理如图5-2所示。

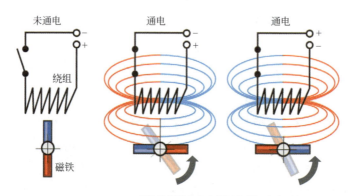

磁铁的旋转方向由线圈的磁场方向而定

▲ 图5-2 电动机工作原理

如果电动机作为发电机工作,转子通过变速箱从外部驱动。当转子的磁场通过定子绕组时,每一相的线圈上都会产生感应电动势。转子磁场会依次通过绕组。电力电子装置将获得的电能转化为288V直流充电电流,对高压蓄电池进行充电。

5.1.2 比亚迪秦/唐电动机

电动机由外圈的定子与内圈的转子组成,是汽车的动力源之一,向外输出扭矩,驱动汽车前进后退;同时也可以作为发电机发电(例如,在滑行、刹车制动过程中以及发动机输出的额外扭矩的势能或者动能通过电动机转化为电能存储)。

电动机工作参数：

① 最大功率：110km（在EV模式下是车辆的主动力源）；

② 额定功率：40kW；

③ 工作电压：DC706V；

④ 最大转速：10000r/min；

⑤ 最大扭矩：200N·m。

比亚迪唐前驱电动机外部连接如图5-3、图5-4所示。

▲ 图5-3　比亚迪唐前驱电动机外部连接

▲ 图5-4　比亚迪唐前驱电动机冷却水管位置

比亚迪唐前驱电动机内部零部件安装位置如图5-5所示。

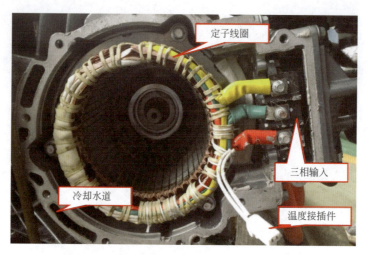

▲ 图5-5 比亚迪唐前驱电动机内部零部件安装位置

旋转变压器（简称旋变）是一种输出电压随转子转角变化的信号元件，见图5-6。当励磁绕组以一定频率的交流电压励磁时，输出绕组的电压幅值与转子转角成正、余弦函数关系，这种旋转变压器又称为正余弦旋转变压器；旋转变压器作为速度及位置检测，可以反馈给控制器进行监测，来准确控制电动机的转速及位置。旋转变压器由旋变线圈、信号盘组成。旋变线圈如图5-7所示。

▲ 图5-6 旋转变压器　　　　　　　　▲ 图5-7 旋变线圈

比亚迪唐使用的驱动电动机为交流无刷永磁同步电机，通过采集电动机旋变信号进行工作。当车辆要行驶时，电动机通过旋转变压器检测到电动机的位置，位置信号通过控制器的处理，发送相关信号给控制器IGBT，逻辑信号控制IGBT开断，控制器输出近似正弦波交流电。

比亚迪唐后驱电动机外部连接如图5-8所示，后驱电动机加、放油口及放水口位置如图5-9所示。

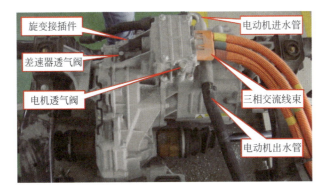

▲ 图5-8 比亚迪唐后驱电动机外部连接

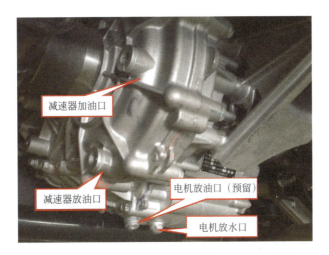

▲ 图5-9 比亚迪唐后驱电动机加、放油口及放水口位置

5.1.3 宝马i3/i8电动机

宝马i3所用电动机是同步电动机，其基本结构见图5-10。其基本结构和工作原理与带内转子的永磁激励同步电动机相同：转子位于内部且装备了永久磁铁；定子以环形方式布置在转子外围；由安装在转子凹槽内的三相绕组构成。如果在定子绕组上施加三相交流电压，所产生的旋转磁场（在电动机运行模式下）就会"带动"转子内的磁铁。

图5-10只展示了定子不带绕组的部分。转子由一个重量经过优化且位于内部部件内的托架、一个挡板套件和布置在两个位置的永久磁铁组成。因此，可提高电动机产生的扭矩。转子热压在驱动轴上。通过6个极对同时实现了结构复杂性以及每圈尽可能恒定的扭矩曲线。i3同步电动机剖面如图5-11所示。

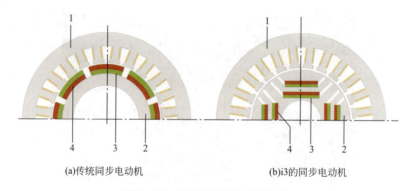

(a)传统同步电动机　　　　　(b)i3的同步电动机

▲ 图5-10　同步电动机的基本结构

1—定子；2—转子挡板套件；3—永久磁铁南极；4—永久磁铁北极

i3电动机无需加注机油。仅对两个包含油脂的深槽球轴承进行润滑。通过从电动机电子装置输出端输送至电动机的冷却液进行电动机冷却。在电动机内，冷却液流过布置在外侧的螺旋形冷却通道。壳体末端的两个O形环密封冷却通道如图5-12所示。因此电动机内部完全"干燥"。

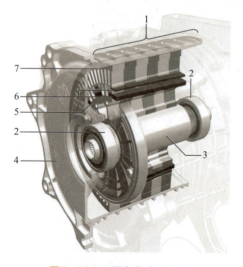

▲ 图5-11　i3同步电动机剖面

1—冷却通道；2—深槽球轴承；3—驱动轴；4—内部壳体；5—转子内的挡板套件；6—转子内的永久磁铁；7—定子挡板套件

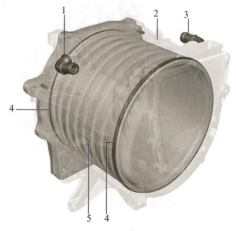

▲ 图5-12　壳体末端的两个O形环密封冷却通道

1—冷却液管路接口（电动机输入端，连自电动机电子装置）；2—外部壳体；3—冷却液管路接口（电动机输出端，连至冷却液散热器）；4—O形环；5—冷却通道

电动机设计用于较大温度范围。输入端（供给）处冷却液温度最高可能达到70℃。虽然能量转换时电动机损失比发动机小，但其壳体温度最高可能达到100℃。

为避免因温度过高而造成组件损坏，i3电动机内有两个温度传感器，如图5-13

所示。两个温度传感器位于定子绕组内,不直接测量转子温度,而是根据定子内的温度传感器测量值进行确定。两个温度传感器都是取决于温度的NTC型电阻。其信号以模拟方式由电动机电子装置读取和分析。

电动机电子装置通过获知电动机转子的角度位置并计算而控制电动机产生定子内绕组电压的振幅和相位。因此在离开变速箱的驱动轴端部处有一个转子位置传感器。

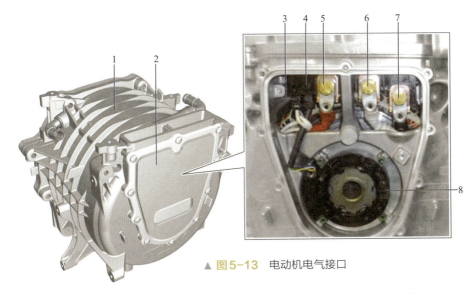

▲ 图5-13 电动机电气接口

1—外部壳体；2—壳体盖；3—转子位置传感器接口；4—定子内的温度传感器；5—高电压接口U；6—高电压接口V；7—高电压接口W；8—转子位置传感器

在行驶方向左侧,有一个支撑臂将电动机壳体与后桥模块连接在一起。该支撑臂不用于承受驱动单元的重力。驱动力矩也通过该支撑臂传输至后桥模块并最终传递到车身上。整个驱动单元（电动机、电动机电子装置和变速箱）还通过稳定杆连杆与后桥模块连接在一起。电动机安装位置见图5-14。

需要拆卸电动机时,必须事先拆卸整个后桥。这种情况也适用于拆卸变速箱和电动机电子装置。只有这样才能将上文所述附加托架从壳体上松开并拆卸各个组件。

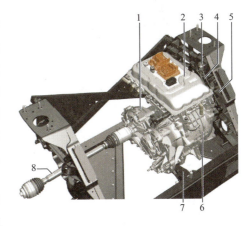

▲ 图5-14 电动机安装位置

1—变速箱；2—电动机电子装置；3—支撑臂轴承；4—支撑臂；5—后桥模块；6—电机；7—稳定杆连杆；8—半轴

电动制冷剂压缩机通过三个螺栓固定在电动机上。

对于待增程设备的车辆,电动驱动装置使用高压蓄电池单元中的能量作为基本驱动方式。仅当高压蓄电池单元的充电状态降到规定值以下时,才激活增程设备。

高压蓄电池单元的充电状态较低时,通过增程设备电动机启动增程设备(发动机W20)。这种情况下,增程设备电动机以发动机模式工作。用于启动增程设备的电能来自高压蓄电池单元。一旦增程设备启动,则增程设备电动机从发动机模式切换到发电机模式,并且产生电能。产生的该能量仅用于获得高压蓄电池单元的充电状态。

增程设备电动机是一个同步电动机。转子(Rotor)位于内部,装备有永久磁铁。定子(Stator)是环形的,位于外面,围绕着转子,由带铁芯的三相线圈形成。如果在定子的线圈上有三相交流电压,则其形成一个旋转的磁场,该磁场(在发动机运转下)吸住转子内的磁铁。

增程设备电动机的功率为26.6kW,且在5000r/min的条件下提供。增程设备电动机电子单元通过冷却液冷却。增程设备电动机连接部件见图5-15。

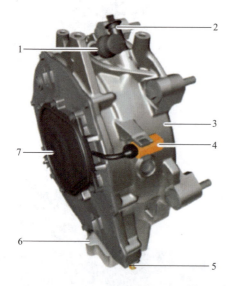

1—电动机输入端冷却液管;2—电动机输出端冷却液管;3—电动机;4—6芯插头连接(转子位置传感器);5—2芯插头连接(温度传感器);6—电动机高压接口(U,V,W);7—电动机位置传感器

▲ 图5-15 增程设备电机连接部件

为了避免组件由于温度过高而损坏,在电动机中有一个温度传感器。借助温度传感器测量其中一个轴承上的温度,从而得出转子温度。因为增程电动机转子使用了永久磁铁,在高温时可能受损,所以应用了温度传感器。温度传感器是与温度有关的NTC型电阻器。模拟增程设备电动机电子单元读取和分析信号。

转子位置传感器探测增程设备电动机转子的精确转子位置。转子位置传感器的结构与同步电动机一样。特殊成型的转子连接着电动机转子,定子同电动机的定子相连。

通过定子线圈中的转子转动而产生的感应电压由增程设备电动机电子单元（REME）分析并计算出电动机位置角度。

根据磁场精确调节电动机时必须要知道电动机位置角度，这样定子线圈上才能产生与转子位置匹配的电压。

电动冷却液泵功率为80W（制造商为Bosch公司）。冷却液泵由EDME控制单元控制。为此，冷却液泵和EDME控制单元通过一根直接导线相互连接。可通过PWM信号以可变功率控制电动冷却液泵。通过总线端30B为冷却液泵供电。冷却液泵安装在右后侧。

补液罐位于车辆行驶方向左侧发动机室盖下方空间内。在补液罐内未安装电气液位传感器。但进行维修时需要注意以下事项：由于未安装电气液位传感器，因冷却系统泄漏等造成冷却液损耗时无法直接识别出来。出现冷却液损耗时，所冷却组件（电动机、电动机电子装置、便捷充电电子装置、增程电动机和增程电动机电子装置）的温度会超出正常运行范围。在此情况下会降低电动驱动装置的功率并输出相应检查控制信号。

车辆前部的冷却模块由冷却液空气热交换器、电风扇以及选装主动式冷却风门构成。

为了降低空气阻力和车辆耗油量，i3可在BMW i肾形格栅后选装主动式风门控制装置。该装置由EDME根据运行状态关闭或打开。在美规车型上不提供主动式风门控制装置。i3驱动系统冷却部件分布如图5-16所示。

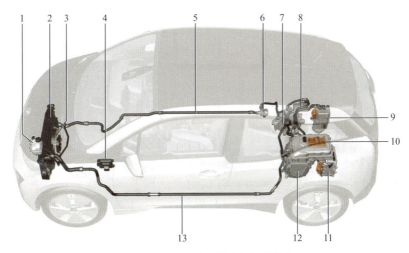

▲ 图5-16　i3驱动系统冷却部件分布

1—驱动组件冷却液循环回路内的补液罐；2—冷却液散热器；3—用于冷却液散热器的电风扇；4—数字式发动机电气电子系统；5—供给管路；6—电动冷却液泵（80W）；7—增程电机；8—发动机冷却液循环回路内的补液罐；9—增程电动机电子装置REME；10—电机电子装置EME；11—便捷充电电子装置KLE；12—电动机；13—回流管路

待冷却的组件接入冷却液循环回路内，以便保持组件所要求的最高温度水平。电动机电子装置所要求的温度比电动机低，因此选择按该顺序串联。由于电动驱动装置和便捷充电电子装置不同时运行，因此选择了并联。增程电动机和增程电动机电子装置首先串联连接。由于这两个组件与便捷充电电子装置和电动机电子装置不同时运行，因此与其串联连接。此外冷却系统也无需针对所有热功率之和进行设计，因为实际上只需在一个或两个并联支路中排出热量。在装有增程器的车辆上，冷却液循环回路内带有用于冷却W20发动机的冷却液制冷剂热交换器。

如图5-17所示，循环回路均为彩色。蓝色表示较低温度，红色表示冷却液温度较高。不同的红色表示不同程度的高温。

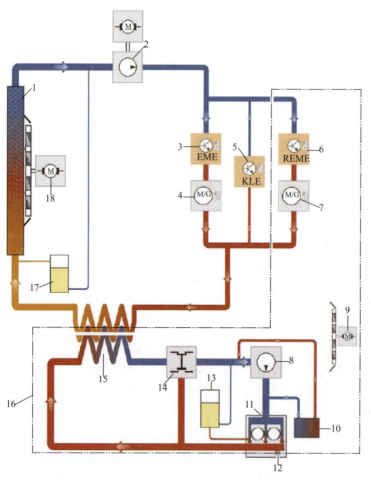

1—冷却液散热器；2—电动冷却液泵（80W）；3—电动机电子装置EME；4—电动机；5—便捷充电电子装置KLE；6—增程电动机电子装置REME；7—增程电动机；8—机械冷却液泵；9—用于增程器冷却总成（冷却液制冷剂热交换器）的附加电风扇；10—发动机油冷却液热交换器；11—增程器（W20发动机）；12—冷却液温度传感器；13—发动机冷却液循环回路内的补液罐；14—节温器；15—用于增程器的冷却液制冷剂热交换器；16—该区域仅限于带有增程器时；17—驱动组件冷却液循环回路内的补液罐；18—用于冷却液散热器的电风扇

▲ 图5-17 电动机冷却循环回路

5.1.4 宝马F49电动机

F49 PHEV的电动机是一款设计为内转子的永久励磁同步机，即旋转转子位于电动机"内部"。该装置可以将高压蓄电池单元的电能转换为动能，动能通过电动机变速器驱动汽车后轮。通过后轮纯电力驱动可以达到120km左右的最高时速，通过eBOOST功能还可以辅助内燃发动机，比如，超车或负载较大时。

此外，电动机在制动或滑行模式下将动能转换为电能，并输送至高压蓄电池单元（能量回收）。电动机螺接在后桥上的电动机变速器上，通过电力驱动后轮，见图5-18。

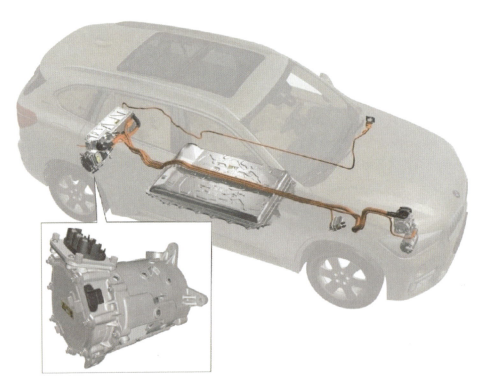

▲图5-18 电动机安装位置

电动机转子包括转子绕组、永磁体及转子轴。绕组与磁体形成电动机的旋转电磁电路。磁体的磁场（连同定子线圈的磁场）产生电动机的部分机械扭矩。转子轴将产生的扭矩传送至传动装置。极对的数量为4，在确保合理的设计复杂性的同时，还可以使扭矩曲线在每次转动时尽量保持恒定。磁体呈V形布置。图5-19描述了同步电动机的基本结构。

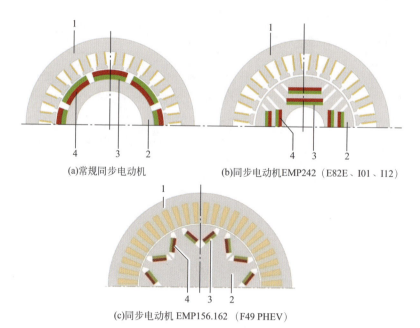

(a) 常规同步电动机　　(b) 同步电动机EMP242（E82E、I01、I12）

(c) 同步电动机 EMP156.162 （F49 PHEV）

▲ 图5-19　同步电动机的基本结构

1—定子；2—叠片组合，转子；3—永磁体南磁极；4—永磁体北磁极

电动机的主要组件（图5-20）：转子和定子；连接件；转子位置传感器；冷却部件。

F49 PHEV中的混动系统被称为平行混动系统。内燃发动机及电动机通过链轮进行机械耦合。驾驶过程中，两种驱动系统可以单独使用或同时使用。

1—电动机壳罩；2—线圈（U、V、W）；3—定子；4—高压连接件（U、V、W）；5—盖子（维修中禁止打开）；6—转子；7—永磁体；8—转子轴

▲ 图5-20　F49 PHEV电动机的主要组件

F49 PHEV中的电动机结构属于内转子结构。"内转子"是表示转子通过永磁体呈环形布置在内侧。产生旋转场的线圈位于外部，组成定子。定子收缩进电动机壳罩内。F49 PHEV的电动机在转子内有4对电极。两个带槽球轴承位于轴的两端，对转子起支撑作用。

冷却液/空气热交换器与冷却模块集成为一体。根据电动机电子装置的冷却要求，电动冷却液泵及电扇进行启用，从而可以降低消耗等级。

通过电扇和电动冷却液泵的需求驱动启用操作，较强的温度偏差可以避免对高压组件中的电子装置的使用寿命产生不利影响，从而实现能源优化冷却方式。电驱系统冷却部件安装位置如图5-21所示。

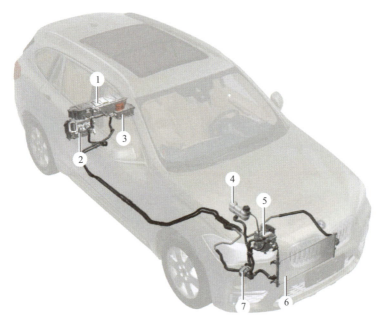

▲ 图5-21　F49 PHEV电驱系统冷却部件安装位置

1—电动机电子装置（EME）；2—电动机（EM）；3—便捷充电电子装置KLE；4—冷却液膨胀箱；5—高压启动电动发电机（HV-SGR）；6—冷却液/空气热交换器；7—电动冷却液泵（80W）

电动机通过低温冷却液回路进行冷却，回路如图5-22所示。

电动机的设计温度范围较大。但是，为了保障电动机在任何条件下热操作的安全性，该装置采用冷却液冷却。为了冷却定子线圈，在定子和电动机壳罩之间存在一个冷却液管道，高压组件的低温冷却液回路为冷却液管道供给冷却液。冷却液在输入（供给）侧的温度可以达到70℃。与内燃发动机相比，虽然电动机在能量转换中的损失较低，它的壳罩温度仍然能达到105℃。

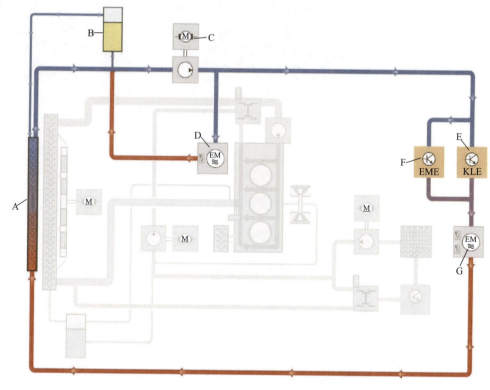

▲ 图5-22　F49 PHEV高压组件的低温冷却液回路

A—冷却液/空气热交换器（高压组件的冷却液回路）；B—冷却液膨胀箱（高压组件的冷却液回路）；C—80W电动冷却液泵（高压组件的冷却液回路）；D—高压启动电动发电机（HV—SGR）；E—便捷充电电子装置KLE；F—电动机电子装置（EME）；G—电动机（EM）

转子通过转子空气循环冷却系统进行冷却。在这种配置条件下，空气流过转子中的冷却液管道以及壳罩内的冷却液管道，空气在壳罩内被水冷却。这就确保了一个更为平衡和偏低的转子温度。

5.1.5　宝马F18电动机

F18 PHEV中的电动机是一台永久励磁的同步电动机。它能将高压蓄电池的电能转换成动能，由此驱动车辆。车辆既能在电动模式中以不超过120km的时速行驶，也能对发动机提供支持，例如，在超车过程中（加速功能），或者在换挡时主动支持发动机的扭矩。

相反的，在制动时和滑行模式中电动机将动能转化成电能并提供给高压蓄电池（能量回收）。

如图5-23所示，混合动力组件作为单独的组件集成在变速箱钟形罩中，占据了液压变矩器在变速箱壳体中的安装空间。电动机主要组件有转子和定子、接口、转子位置传感器、冷却装置。

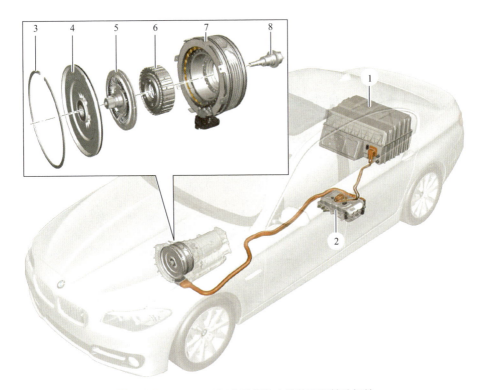

▲ 图5-23　F18 PHEV电动机的安装位置和辅助组件

1—高压蓄电池单元；2—电动机-电子伺控系统；3—防松环；4—电动机盖板；5—辅助扭转减震器；6—分离离合器；7—电动机；8—空心轴

F18 PHEV中的混合动力系统是所谓的"并联式混合动力系统"。发动机和电动机均与驱动轮机械连接。车辆驱动时，两个驱动系统既能单独使用也能同时使用。电动机内部结构如图5-24所示。

F18 PHEV中的电动机（牵引电动机）结构采用内部转子的形式。"内部转子"表示带永久磁铁的转子呈环形排布在内部。产生旋转场的绕组位于外部并构成定子。F18 PHEV的电动机有8对极偶。定子固定在转子空心轴上的一个法兰上方，空心轴与变速箱输入轴相嵌连接，见图5-25。

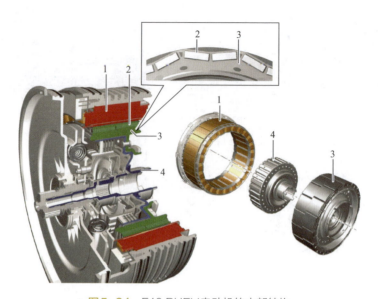

▲ 图5-24　F18 PHEV电动机的内部结构

1—定子；2—永久磁铁；3—转子；4—带分离离合器外壳的空心轴

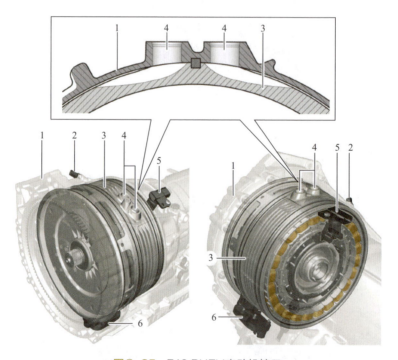

▲ 图5-25　F18 PHEV电动机接口

1—变速箱钟形罩；2—温度传感器；3—冷却液通道；4—冷却液接口；5—转子位置传感器电气接口；6—高压接口

自动变速箱壳体上有四个电动机接口,分别用于温度传感器、两根冷却液管、转子位置传感器、高压导线。传感器安装位置如图5-26所示。

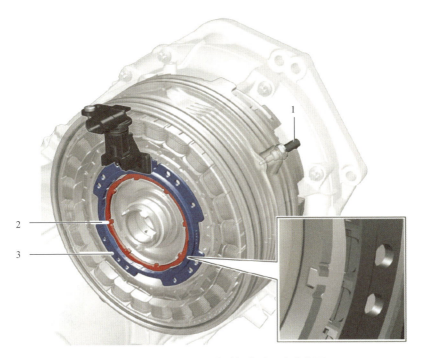

▲ 图5-26　F18 PHEV电动机传感器安装位置

1—温度传感器；2—转子位置传感器转子；3—转子位置传感器定子

为了电动机-电子伺控系统能正确计算定子绕组电压的振幅和相位并正确生成电压,必须知道转子的确切位置。转子位置传感器承担这个任务。它的结构与同步电动机类似,并且带有一个特殊外形的转子以及一个定子,转子连接电动机的转子,定子连接电动机的定子。电动机-电子伺控系统评估通过转子旋入定子绕组而生成的相电压并计算出转子位置角度。

电动机的组件在工作时不允许超过特定温度。用一个温度模型和一个温度传感器监控电动机温度。该传感器被设计为带负温度系数（NTC）的可变电阻器,测量自动变速箱壳体上的冷却液出口温度。NTC越高,电阻值就越小。

电动机-电子伺控系统分析温度传感器的信号,将这些信号与计算出的温度模型进行比较,如果电动机温度接近允许的最高值,就降低电动机功率。不再在一个定子绕组上安装单独的温度传感器。

为了在任何情况下都能确保电动机的温度可靠性,在F18 PHEV中使用冷却液冷却电动机。为了达到此目的,电动机连接在发动机的冷却液循环中,见图5-27。

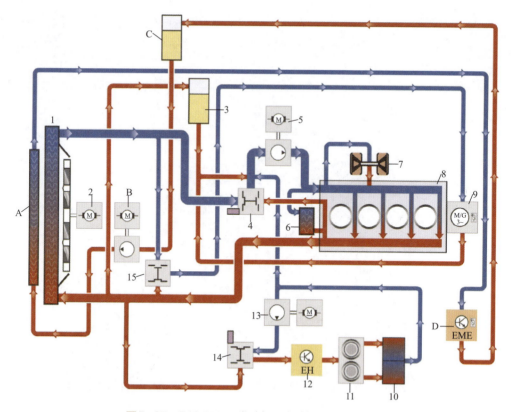

▲ 图5-27　F18 PHEV发动机和电动机的冷却液循环

A—冷却液-空气热交换器（电动机-电子伺控系统的冷却液循环）；B—电动冷却液泵（电动机-电子伺控系统的冷却液循环，80W）；C—冷却液热膨胀平衡罐（电动机-电子伺控系统的冷却液循环）；D—电动机-电子伺控系统EME；1—冷却液-空气热交换器（发动机和电动机的冷却液循环）；2—电动风扇；3—冷却液热膨胀平衡罐（发动机和电动机的冷却液循环）；4—特性曲线节温器；5—电动冷却液泵（发动机和电动机的冷却液循环，400W）；6—发动机油冷却器；7—废气涡轮增压器；8—发动机；9—电动机；10—暖风热交换器；11—双水阀；12—电加热装置；13—加热循环回路的电动冷却液泵；14—电动转换阀；15—电动机节温器

如图5-28所示，为了冷却定子绕组，在定子支架和自动变速箱壳体之间有一个冷却通道，冷却液通过该通道从发动机冷却回路中流出。冷却通道分别通过两个密封环向前和向后密封。变速箱油进行转子的冷却，油雾状的变速箱油吸收热量并在变速箱油冷却器上将热量排到大气中。

电动机自带一个节温器，将冷却液进流温度调到约80℃的最佳范围。由于电动机工作温度低于发动机工作温度，因此这种调节是必要的。节温器通过一个石蜡恒温元件进行调节，该石蜡恒温元件根据冷却液温度膨胀。此时不存在电动控制，节温器运行状态如图5-29所示。

模块5 电动机与动力控制系统

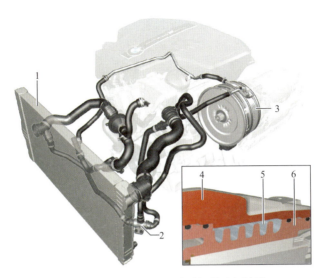

▲ 图5-28　F18 PHEV电动机的冷却装置

1—冷却液-空气热交换器；2—电动机节温器；3—电动机；4—自动变速箱壳体；5—电动机冷却液管路；6—定子支架

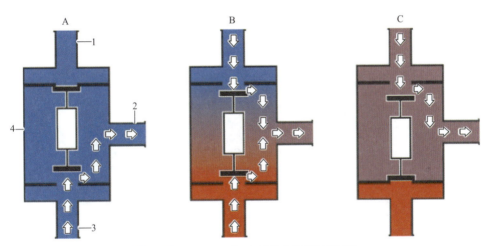

▲ 图5-29　F18 PHEV电动机节温器运行状态

A—节温器关闭；B—节温器部分打开；C—节温器打开；1—冷却液从冷却液-空气热交换器过来；2—冷却液流至电动机；3—冷却液从发动机过来；4—节温器

　　冷却液温度较低时，节温器是关闭的。例如，在暖机阶段中就是这种情况。此时，节温器堵住冷却液-空气热交换器的冷却液，将发动机的冷却液输送到电动机。通过这种方式可迅速达到最佳工作温度。

　　由于发动机冷却液温度高，节温器因此部分打开。这导致来自发动机的高温冷却液与来自冷却液-空气热交换器的低温冷却液相互混合。在连接电动机的冷却液供给管路中以这种"混合模式"自行调节冷却液温度,使之保持在约80℃的最佳温度范围。

如果冷却液-空气热交换器的冷却液温度额外上升,节温器就完全打开。例如,当发动机节温器打开大冷却液循环时,就会出现这种情况。由于额外升温,节温器关闭来自发动机的冷却液管路。现在,来自冷却液-空气热交换器的所有冷却液都流入电动机中。

5.1.6 奥迪e-tron车系电动机

奥迪Sportback e-tron的传动系统采用的是前驱车的横置安装的6挡双离合器变速器0DD。

集成的电驱动装置的电动机V141是一台永久励磁式同步电动机,其功率最大可达75kW。该电动机能将最大为330N·m的力矩输送给变速器。电动机安装位置及组成如图5-30所示。

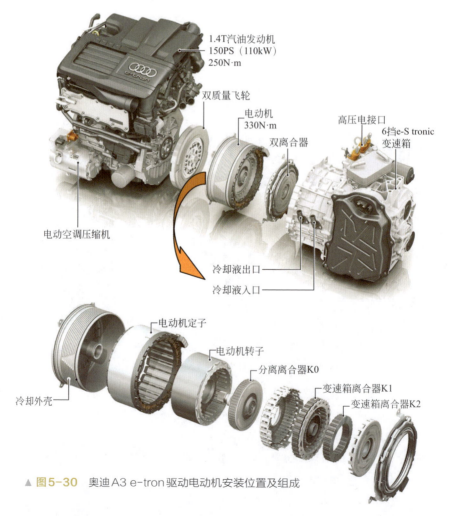

▲ 图5-30 奥迪A3 e-tron驱动电动机安装位置及组成

电驱动装置用于让车辆以纯电动方式起步和行驶，以及用于通过离合器K0来让内燃机启动，在发电动机模式时，电驱动装置的电动机V141通过车辆的滑行能量（回收）或者通过接合的离合器K0由内燃机来驱动。电驱动装置的电机负责为整个车辆供电。离合器K1和K2会将两种动力的全部功率继续传递到变速器部分1和2上。

动力系统冷却分两种模式：纯电动模式与"Boost"模式。

在纯电动模式时，发动机不工作，冷却液不经中冷器直接流向电动机，然后流回冷却系统，冷却液通道更短，冷却作用更为高效。在后一种模式中，电动机和发动机同时工作，冷却液先流经发动机中冷器，再流向电动机，最后流回冷却系统。动力系统冷却回路如图5-31所示。

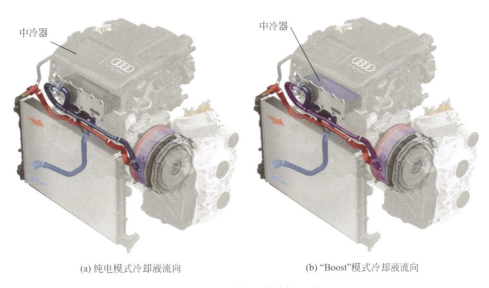

(a) 纯电模式冷却液流向　　　　　　(b) "Boost"模式冷却液流向

▲ 图5-31　动力系统冷却回路

奥迪Q7 e-tron在欧洲市场推出的是搭载3.0TDI柴油发动机和电动机组成的插电式混动系统。奥迪在我国和北美市场推出的则是搭载了2.0TFSI涡轮增压发动机和电动机组成的插电式混动系统。与2.0T涡轮增压发动机相搭配的是一台最大功率94kW（约125Ps）、最大扭矩350N·m的永磁同步电动机。二者总功率达到了270kW（约368Ps），总扭矩可达700N·m。同时配备了一块容量为17.3kW·h的锂离子电池组，官方最大续航里程为56km。Q7 e-tron搭载的ZF为混合动力系统车型研发的8速手自一体变速箱。该车型电动机部件分解如图5-32所示。

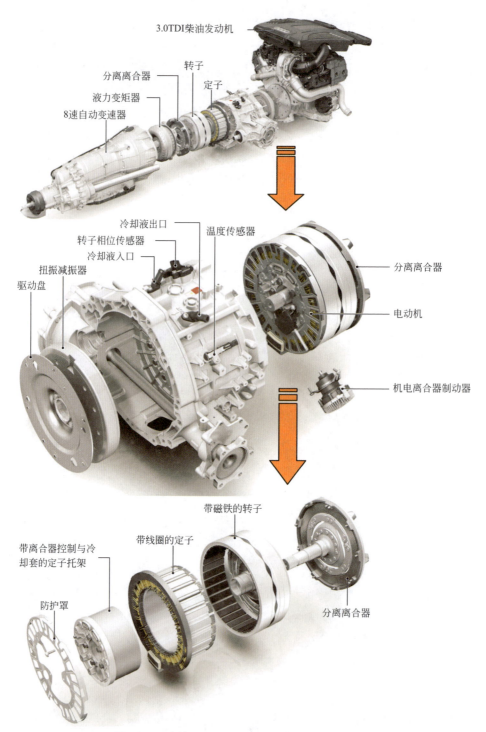

▲ 图5-32 奥迪Q7 e-tron车型驱动电动机部件分解

5.1.7 奥迪Q5混合动力电动机

如图5-33所示电驱动装置的电动机安装在2.0L TFSI发动机和8挡自动变速器之间的空隙处（取代了变扭器）。该电动机是永久激励式同步电动机，由一个三相磁场来驱动。转子上装备有永久磁铁（由钕-铁-硼制成，NdFeB）。

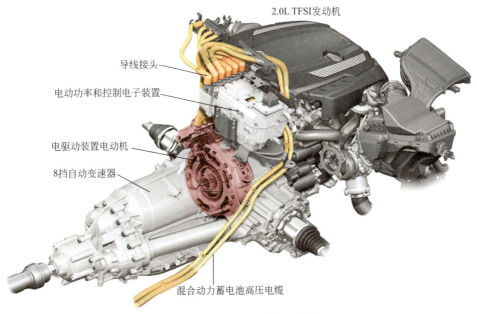

▲ 图5-33 奥迪Q5混合动力电动机

电驱动装置的电动机V141集成在三相交流驱动装置VX54内。电驱动装置的电动机由电驱动控制单元J841和电驱动功率和控制电子装置JX1来操控，通过改变频率来调节转速，通过脉冲宽度调制来调节扭矩。

通过功率控制电子装置来将266V的直流电转换成三相交流电，这个三相电可在电驱动装置的电动机内产生一个三相电磁场。

电驱动装置的电动机用于启动内燃机，在发电机模式时借助于电驱动功率和控制电子装置JX1内的DC/DC变压器来给高压蓄电池和12V蓄电池充电。奥迪Q5 hybrid quattro车可使用这个电驱动装置的电动机来以纯电动方式驱动车辆行驶（但是车速和可达里程是受限制的），且该电动机可在车辆加速（Boost）时给内燃机提供助力。

如果混合动力管理器识别出电驱动装置的电动机足够用于驱动车辆行驶了，那么内燃机就关闭了。

电驱动装置的电动机是水冷式的，它集成在内燃机的高温循环管路上。冷却液是由高温循环管路冷却液泵V467根据需要情况来进行调节（分三级，就是有三挡），该泵由发动机控制单元J632来操控。

电驱动装置温度传感器1-G712是个NTC电阻（就是负温度系数电阻），它测量电驱动装置电动机线圈间的温度。如果这个温度高于180～200℃，那么电驱动装置电动机的功率就被降至零了（在发电机模式和电动行驶时）。重新启动发动机取决于电驱动装置电动机的温度情况，必要时可通过12V起动机来启动。

电驱动装置位置传感器1-G713是按坐标转换器原理来工作的，它用于侦测转子的实际转速和角位置。电驱动装置的电动机构成如图5-34所示，包括铸造铝壳体、内置转子、装备有永久磁铁（由钕-铁-硼制成，NdFeB）、带有电磁线圈的定子、一个轴承盖（用于连接到自动变速器的变扭器上）、分离离合器、三相动力接头。

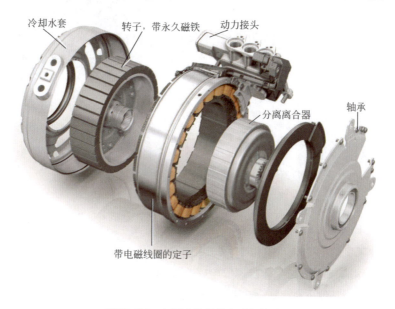

▲ 图5-34 电驱动装置的电动机构成

5.1.8 大众途锐HEV电动机

途锐HEV电动机位于发动机和自动变速箱之间。它是一台三相交流同步电动机。电力电子装置将288V直流电压转换为三相交流电压。三相交流电在电动机中形成一个三相电磁场。

电动机由以下部分组成：压铸铝壳体；内部磁极转子；定子（带电磁绕组）；连接自动变速箱变矩器的中间板；电动机主轴承；三相高压接口。驱动电动机部件分解如图5-35所示。

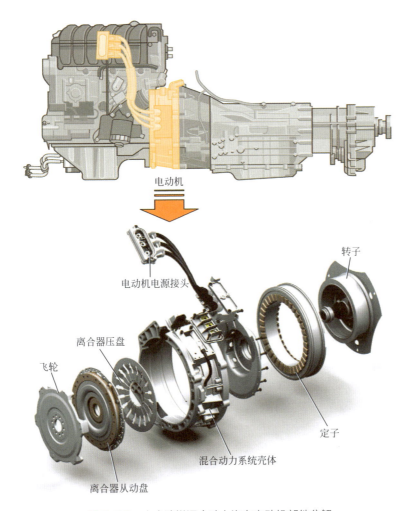

▲ 图5-35 大众途锐混合动力汽车电动机部件分解

发动机在其一侧与离合器和飞轮相连接。三相接口与三个相邻的电磁绕组分别连接，每个电磁线圈对应一相。

5.1.9 奔驰S500 PHEV电动机

电动机是一款永磁激励式同步电动机，安装在变速箱钟形壳内，位于自动变速箱和内燃机之间。电动机的转子通过转子支架与湿式离合器的输出端，或与自动变速箱输入端形状配合连接。这样，电动机便与自动变速箱牢固连接。电动机的电气促动通过功率电子装置控制单元进行。该电动机剖面如图5-36所示。

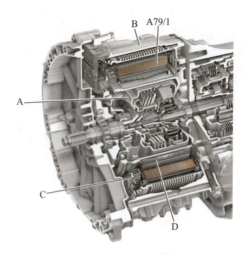

▲ 图5-36　奔驰S500 PHEV电动机剖面

A79/1—电动机；A—湿式离合器；B—变速箱钟形壳；C—定子；D—转子

5.1.10　路虎揽胜HEV电动机

揽胜HEV电动机/发电机位于发动机和变速器之间，它替换变矩器，在电动或机械驱动时为变速器提供驱动力。MG封装于不可维修机组中，只能在重装汽车时更换。电机连接线及内部结构如图5-37所示。

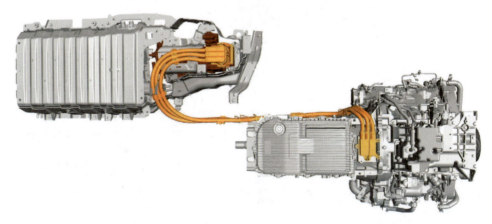

▲ 图5-37　路虎揽胜HEV电动机连接线及内部结构

MG是一个交流同步电动机，最大输出功率35kW，170N·m扭矩。"同步"一词是指转子速度与交流输入频率成正比（转子速度将与施加到定子线圈的交流频率同步）。

定子由24个线圈排列构成。线圈分为三组，每组有8个线圈，它们串联在一起。每组线圈对应于三相输入中的一个单相。线圈缠绕于定子，产生交替、均匀模式，如图5-38所示。转子是多极永磁设计，可提供恒定的磁场输出。转子花键连接至变速器输入轴，通过转子旋转，实现发动机或MG对变速器的驱动。

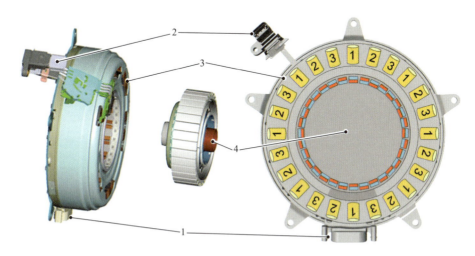

▲ 图5-38 路虎揽胜HEV电动机内部结构

1—高压三相电缆连接（U、V、W三相）；2—速度传感器连接（低压）；3—定子；4—转子

当三个独立相位通电时，线圈排列形成了一个旋转磁场。旋转磁场的速度与交流输入的频率成正比。旋转磁场可确保按正确的旋转方向驱动电动机。

定子的旋转磁场效应牵引转子磁场，带动转子转动或旋转。随着转子速度和定子旋转磁场逐渐同步，电动机将进入"锁定"状态，此状态下电动机可实现最大扭矩输出。

为指示三相输入正确的相位时间，EPIC必须时刻清楚转子的确切位置。为实现这一要求，MG模块中安装了精度极高的位置和速度传感器（分解器电路）。

发电机磁铁（转子）扫过导体（线圈）可产生电能。电极性与穿过导体的磁极相对。

随着磁铁旋转，磁铁南北极持续扫过导体并产生极性连续变化的输出。磁北极产生正电流，磁南极产生负电流。三相电动机工作原理如图5-39所示。

在刹车回充和滑行状态期间，转子受变速器驱动，其线圈感应通电。

由于施加了机械和电气负载，MG中会产生高温。EPIC通过安装于MG外壳的温度传感器监控MG温度，此温度由发动机高温冷却回路中的专门冷却回路来调节。

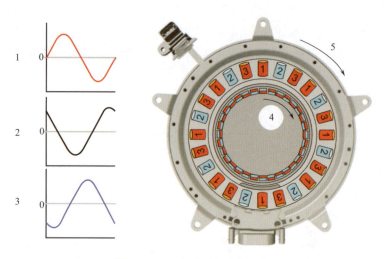

▲ 图5-39 三相电动机工作原理

1—阶段1；2—阶段2；3—阶段3；4—转子-旋转方向；5—磁场旋转方向

在冷启动和预热期间，发动机温控器关闭，这限制了冷却液在MG冷却回路中的流动。

由于在上述状况中需要冷却MG，因此EPIC采用PWM激活电泵。冷却液来自散热器底部，泵入变速器机油冷却器和MG外壳后，回流至散热器底部。电动机冷却管路连接如图5-40所示。

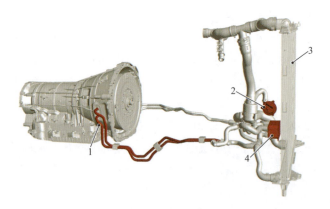

▲ 图5-40 电动机冷却管路连接图

1—MG-冷却液管道；2—电动水泵；3—散热器；4—变速器油-热交换器

它在发动机停转［发动机进入"ECO Stop"（ECO停止，动力由MG提供时］或温控器关闭期间，为MG提供独立于发动机机械冷却液泵的冷却液流动。

项目2　电动机控制系统

5.2.1　众泰云100S动力系统

　　动力系统由驱动电动机、减速器、驱动电动机控制器三部分组成，驱动电动机总成包括驱动电动机及减速器。

　　驱动电动机是整车的动力核心，相当于燃油车的发动机，通过动力电池提供的电能将电能转换成动能通过减速器、半轴驱动电动汽车行驶。

　　驱动电动机控制器根据制动踏板和加速踏板的输入信号，发出相应的控制命令来控制驱动电动机的转速及转向，从而驱动电动汽车的行驶。

　　减速器是将电动机的高速运转通过齿轮传动变成低速大扭矩的装置。它不同于传统汽油车的变速箱，减速器只有固定减速比，没有调速功能，速度以及方向的变化是通过电动机控制器来实现的。减速器的固定减速比为1∶7.3。

　　众泰云100S电动车驱动系统搭载的是三相交流变频电动机。当电动机的三相定子绕组（各相差120°电角度），通入三相对称交流电后，将产生一个旋转磁场，该旋转磁场切割转子绕组，从而在转子绕组中产生感应电流（转子绕组是闭合通路），载流的转子导体在定子旋转磁场作用下将产生电磁力，从而在电动机转轴上形成电磁转矩，驱动电动机旋转，并且电动机旋转方向与旋转磁场方向相同，当导体在磁场内切割磁力线时，在导体内产生感应电流，"感应电动机"的名称由此而来。感应电流和磁场的联合作用向电动机转子施加驱动力。

　　驱动系统的基本结构组成和技术参数。

　　① 采用美国TI公司主流芯片DSP作为主控芯片，建立了实现电动机控制算法的良好平台。

　　② 选用了国际上先进的大功率MOSFET管作为功率器件，显现了低噪声、高效率的能量转换。

　　③ 采用了先进的矢量控制算法，实现控制器对电动机转矩，转速的精确控制。

　　④ 刹车或者制动能量回馈控制，提升车辆的续航里程，满足不同客户的需求。

　　⑤ 坡路防倒溜功能，提高驾驶的安全性。

　　⑥ 可灵活调节的参数，调节车辆的操纵性能，满足不同路况和各种使用环境的要求。

　　⑦ 蜂鸣器提示各种故障，方便检修。

　　⑧ 完善的加速器故障、欠压、过压、过流、过热等保护功能，提升了系统的可靠性。

⑨ CAN 总线通讯。

⑩ 可针对不同用户提出的不同需求定制软件，满足客户的个性化需求。

MC3336系列低压交流控制器是一款应用于低压交流电动车辆的驱动器，采用了国内外一流的交流电动机控制器算法，实现了对交流电动机宽调速范围内转矩的精准控制。相比于直流电动机驱动系统，交流驱动系统可以实现更宽的电动机调速范围，从而提高了车辆的行驶速度；交流电动机无炭刷、全密闭、免维护，系统可靠性大大提高；交流系统能达到更高的效率，实现灵活的能量回馈控制，从而有效地提升续航里程。驱动电动机控制器系统连接如图5-41所示。

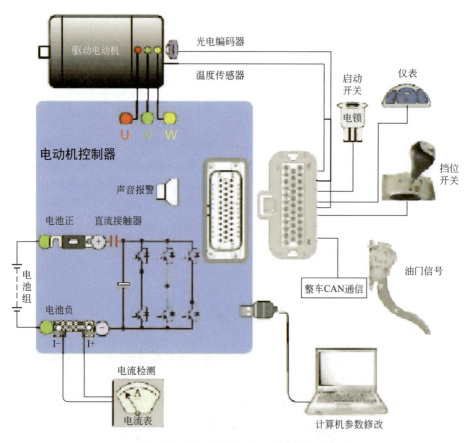

▲ 图5-41 驱动电动机控制器系统连接图

驱动电动机控制器通过35芯插接件，将驱动电动机、启动开关、仪表、挡位开关、油门信号、刹车信号等联系起来，从而使车辆有序地进行。启动钥匙到ON挡，分电盒总正接触器吸合，动力电池74V两相直流电进入驱动电动机控制器。驱动电动机控制器先将两相直流电转换为三相直流电，再结合挡位、油门模拟量等控制信号控制输出到驱动电动机的电流，从而实现对车辆驱动系统的管理。

车子在向上斜坡时突然踩刹车，且挡位在前进挡，松开刹车后车子往后溜20cm后停止后溜，当挡位杆挂到空挡（或倒退挡时）车子才会后溜；同样，当车子行驶在向下的坡道时，挂倒退挡倒退时，踩刹车后松刹车，车子不会向前溜，当踩下电门后车子才解除防溜坡功能。

5.2.2 宝马i3电动机控制系统

5.2.2.1 电动机电子伺控系统（EME）

电动机电子伺控系统（EME）是一个安装在铝壳内的功率电子装置。在该铝壳内具有下列组件：电动机电子伺控系统（EME）控制单元、DC/DC转换器、变频器（逆变器和整流器）、充电电子装置。

整个铝壳组件被称为电动机电子伺控系统。电动机电子伺控系统在电动车上安装于电动机上。

维修时可以单独更换电动机电子伺控系统和电动机。为此，必须事先拆卸带电动机和电动机电子伺控系统组成单元的后桥。随后脱开电动机和电动机电子伺控系统。电动机电子伺控系统的铝壳在保养时禁止打开。

针对混合动力汽车（PHEV），电动机电子伺控系统与电动机分开供货，因此在供货时根据电动机进行校准。

电动机电子伺控系统的接口可以划分为下列几类：12V接口、高压接口、电位补偿导线接口、冷却液管接口。EME模块连接端子见图5-42。

EME模块管路连接口分布如图5-43所示。

▲ 图5-42　EME模块连接端子

1—电动机电子装置；2—中间电路高压接口（高压蓄电池和存储器电子管理系统）；3—增程设备、启动器发电机或便捷充电系统的高压接口；4—车辆通信接口；5—电动机接口（U、V、W）；6—转子位置传感器和温度传感器接口（转子、定子）

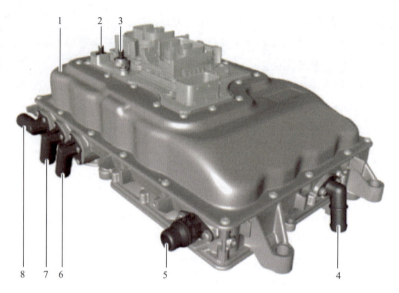

▲ 图5-43 EME模块管路连接接口分布

1—电动机电子装置；2—12V接口、蓄电池正极（电位补偿）；3—12V接口、蓄电池负极（电位补偿）；4—出口冷却液管；5—进口冷却液管；6—电动空调压缩机高压接口；7—电控辅助加热器高压接口；8—便捷充电系统高压接口

电动机电子伺控系统通过液体冷却，并集成在一个独立的低温冷却循环中。根据当前的冷却需求控制电动冷却液泵。冷却液此时吸收最大约85℃的温度（回流）。

在总线端Kl.15接通时，电动机电子伺控系统的功率电子电路生效。以这种方式，通过DC/DC转换器给高压车载网络（电动空调压缩机和电控辅助加热器）以及12V车载网络供电。如果由于此时形成的热量而识别出冷却需求，则打开冷却液泵。

在高压蓄电池充电期间，充电电子装置内的功率电子装置生效。由于在充电电子装置内转换的电功率大，此时也会形成热量。该热量必须排出。因此，充电期间电动机电子伺控系统内出现相应高温时也会打开电动冷却液泵。

5.2.2.2 增程设备电动机电子单元（REME）

增程设备电动机电子单元（REME）是一个功率电子装置。增程设备电动机电子单元布置在增程设备电动机后。

增程设备电动机电子单元（REME）控制、调节和协调增程设备上电动机的功能。通过REME确保高压车载网络内的充电。

组件主要包括增程设备电动机电子单元（REME）控制单元、DC/DC转换器和变频器。不允许对REME进行修理，禁止打开其壳体。打开后，REME的安全认证会失效。增程设备电动机接口分布如图5-44、图5-45所示。

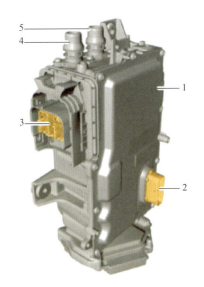
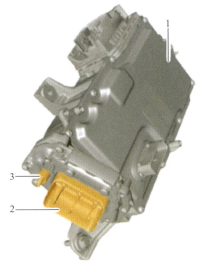

▲ 图5-44　增程电动机控制单元接口一

1—增程设备电动机电子单元（REME）；2—24芯车辆通信接口；3—高压接口-高压蓄电池单元；4—冷却液入口接口；5—冷却液出口接口

▲ 图5-45　增程电动机控制单元接口二

1—增程设备电动机电子单元（REME）；2—增程设备电动机电子单元高压接口（U、V、W）；3—高压触点监控（High Voltage Interlock Loop）

增程设备电动机电子单元（REME）主要具有下列功能。

- 连接和调节增程设备电动机。
- 功率因环境温度而降低。
- 连接高压蓄电池单元。
- 分析高压触点监测装置（High Voltage Interlock Loop）。
- 分析碰撞信息。
- 冷却液管接口。

增程设备电动机电子单元通过液体冷却，并集成在一个独立的低温冷却循环中。在同一个冷却循环中集成有增程设备数字发动机电子单元和增程设备电动机。

5.2.2.3　电子数字电动机电控机构（EDME）

电气驱动机构控制系统涉及具有众多组件的分布式系统。驱动机构控制系统的主控制单元是电子数字电动机电控机构（EDME），EDME单元模块接口见图5-46。

作为最重要的EDME协作控制单元，电动机电子伺控系统（EME）负责控制电动机以及给12V车载网络供电。其他EDME协作控制单元有电池管理系统（SME）和便捷充电系统（KLE）。

▲ 图5-46 EDME单元模块接口

1—电子数字电动机电控机构（EDME）；2—48芯插头连接（2空位）

EDME控制单元安装在前方左侧轮罩内。EDME控制单元作为主控制单元和协调器，用于驱动机构控制系统的初级功能。

从整体上转换驱动力矩前，EDME必须检查是否已建立行驶就绪状态。

EDME检测电气驱动机构控制系统的所有分系统是否均正常工作，这是准备驱动力矩的前提条件。EDME控制单元考虑可用的驱动装置电功率，该功率主要由高压蓄电池的状态决定。通过相应的总线信号，SME控制单元将该状态传输至EDME控制单元。

作为检测结果，EDME确定是否以及在哪个范围内可以建立驱动力矩。故障状态下或者可用性受限时，EDME通过组合仪表输出检查控制信息。

未设计有EDME主动冷却，因为由于左侧轮罩内的安装位置无法形成临界的温度值。

5.2.3 宝马F49电动机控制器

电动机电子装置（EME）作为电动机和高压启动电动发电机的电子控制装置。该装置负责将高压蓄电池单元（最高340VDC左右）的直流电压转换成三相AC电压，用来启用电动机和高压启动电动发电机，在此过程中，电动机和高压启动电动发电机作为电动机。相反，当电动机和高压启动电动发电机作为发电机工作时，电动机电子装置将三相AC电压转换成直流电压，并为高压蓄电池单元充电。比如，在制动能量再生（能量回收）过程中发生此类操作。为了进行这两种模式的操作，有必要配备DC/AC双向转换器，该装置可以作为换流器和整流器进行工作。

DC/DC转换器同样与电动机电子装置组成一体，确保12V汽车电气系统的电压供给。

F49 PHEV的整个电动机电子装置位于一个铝制壳罩内。控制单元（DC/AC双向转换器以及12V汽车电气系统的DC/DC转换器）位于该壳罩内。

EME控制单元还承担其他任务。比如，高压动力管理，对高压蓄电池单元的可用高压进行管理，同样与EME集成为一体。此外，EME有各类输出级，负责12V执行机构的启用。

电动机电子装置安装在后桥下方的汽车底部，见图5-47。为了实现电动机电子装置的所有接线，该组件必须完全拆除。EME的上部接线位于行李舱底部盖板下方螺丝拧固的盖子下方。EME模块外部接口分布如图5-48所示。

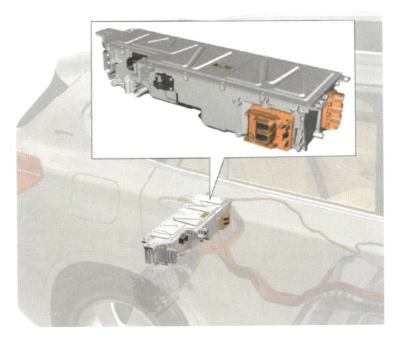

▲图5-47　F49 PHEV电动机电子装置的安装位置

电动机电子装置外部低压接头连接下述线路和信号。
- 用于EME控制单元的电源（引自配电箱的终端30B，位于前侧和地面）。
- FlexRay总线系统。
- PT-CAN总线系统。
- PT-CAN2总线系统。
- 唤醒导线。
- 引自ACSM的信号线路，用于传送碰撞信息。
- 汽车内部截止阀的动作。

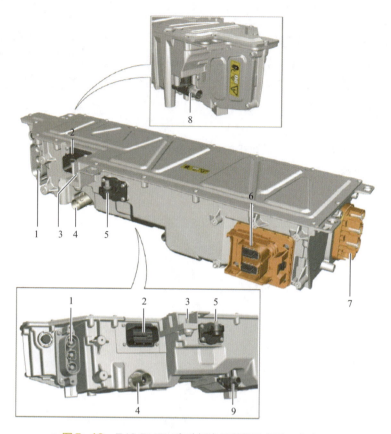

▲ 图5-48　F49 PHEV电动机电子装置外部接口分布

1—与高压启动电动发电机相连的高压接口（AC）；2—低压接头/信号接头的接线；3—DC/DC转换器输出-12V；4—用于便捷充电电子装置交流充电的高压接口；5—输出，DC/DC转换器+12V；6—与高压蓄电池单元相连的高压接口（DC）；7—与电动机相连的高压接口（AC）；8—用于冷却液回流管路的接口；9—用于冷却液供给管路的接口

- 高压联锁回路电路的输入和输出（EME控制单元评估信号，如果出现电路干扰，将切断高压系统）。
- 启用电动真空泵。
- 电动冷却液泵（PME）：脉冲宽度调制信号。
- 电动机转子位置传感器的评估。
- 电动机温度传感器的评估。
- 高压启动电动发电机的转子位置传感器的评估。
- 高压启动电动发电机的温度传感器的评估。

此类线路和信号的电流等级相对较低。电动机电子装置通过两个独立的低压连接和大横截面线路与12V汽车电气系统相连（终端30和终端31）。通过这种配置与电动机电子装置内的DC/DC转换器接通，并为整个12V汽车电气系统提供能量。带有电动机电子装置的这两条线路通过螺钉进行连接。

图5-49通过简单的接线图描述了电动机电子装置的低压接口。

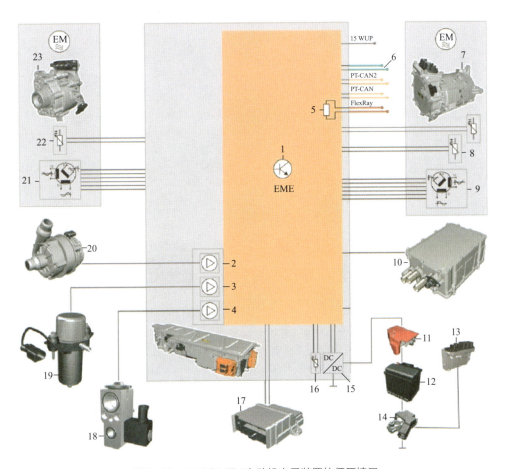

▲ 图5-49　F49 PHEV电动机电子装置的低压接口

1—电动机电子装置（EME）；2—启用80W电动冷却液泵的输出级（LT冷却液电路）；3—启用电动真空泵的输出级；4—启用汽车内部膨胀阀和截止阀的输出级；5—终端电阻器，FlexRay；6—高压联锁回路的信号线路；7—电动机（整个）；8—电动机定子线圈中的温度传感器；9—电动机中的转子位置传感器；10—便捷充电电子装置KLE；11—安全型蓄电池接线柱SBK；12—12V蓄电池；13—数字式电动机电子装置DME；14—智能型蓄电池传感器IBS；15—单向DC/DC转换器；16—DC/DC转换器中的温度传感器（负温度系数传感器）；17—碰撞安全模块；18—膨胀和截止组合阀，乘客舱；19—电动真空泵；20—电动冷却液泵；21—高压启动电动发电机中的转子位置传感器；22—高压启动电动发电机中的温度传感器；23—高压启动器电动发电机

在电动机电子装置中,共有四个与其他高压组件线路相连的高压接口。电动空调压缩机及电气加热装置安装在便捷充电电子装置上。图5-50所示的接线图描述了电动机电子装置与其他高压组件之间的高压接口。

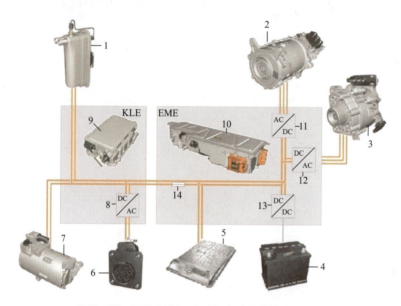

▲ 图5-50　F49 PHEV电动机电子装置的高压接口

1—电气加热装置；2—电动机；3—高压启动器电动发电机；4—蓄电池（12V）；5—高压蓄电池单元；6—充电插座；7—电动空调压缩机（EKK）；8—单向AC/DC转换器；9—便捷充电电子装置；10—电动机电子装置（整个）；11—电动机的双向DC/AC转换器；12—高压启动电动发电机的双向DC/AC转换器；13—单向DC/DC转换器；14—60A防过载电流保护

与组件的连接	接点数量	电压类型	屏蔽
电动机	3相	AC电压	3个线路的1个屏蔽
高压启动器电动发电机	3相	AC电压	3个线路的1个屏蔽
高压蓄电池单元	2芯	直流电压	每条线路1个屏蔽
便捷充电电子装置（交流充电）	2芯	AC电压	每两条线路1个屏蔽

5.2.4　宝马F18电动机控制系统

电动机电子伺控系统（EME）用作电动机的电子控制装置。它还负责将高压蓄电池中的直流电压（最高约393V直流电）转换成三相交流电压（最高约360V交流电），从而控制用作发动机的电动机。相反,当电动机作为发电机工作时,电动机电子伺控系统将电动机的三相交流电压转换为直流电压,以此给高压蓄电池充电。例如,在制动能量回收(能量回收)时就进行这种转换。对于这两种运行模式,需要一个双向DC/AC转换器用作逆变器和整流器。

凭借同样集成在电动机电子伺控系统中的DC/DC转换器确保12V车载网络的电源供应。

F18 PHEV的整个电动机电子伺控系统位于铝合金壳体中。在这个壳体中安装有控制单元、双向DC/AC转换器及用于12V车载网络供电的DC/DC转换器。

不过,EME控制单元还承担其他任务。例如,在EME中还集成了高压电源管理系统,用于管理高压蓄电池中的可用高压。此外,EME还带有负责控制12V执行器的各种末级。

电动机电子伺控系统安装在后桥前的左侧底板上,见图5-51。

▲ 图5-51 电动机电子伺控系统安装位置

如图5-52所示电动机电子伺控系统上的接口可分为四类:
- 低压接口。
- 高压接口。

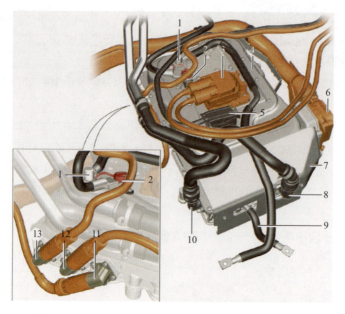

▲ 图5-52　F18 PHEV电动机电子伺控系统的接口及导线

1—DC/DC转换器-12V输出端；2—DC/DC转换器+12V输出端；3—至高压蓄电池的高压导线（DC）；4—电动机电子伺控系统壳体；5—低压插头；6—至电动机的高压导线（AC）；7—防冲击装置；8—冷却液回流管路接口；9—电位平衡导线接口；10—冷却液供给管路接口；11—至电动制冷压缩机的高压接口；12—至电加热装置的高压接口；13—充电接口的交流充电高压接口

- 电位平衡导线接口。
- 冷却液管路接口。

在电动机电子伺控系统上的外部低压插头上汇总了以下导线和信号。

- EME控制单元的供电（前部配电盒端子30B和接地）。
- FlexRay总线系统。
- PT-CAN总线系统。
- PT-CAN2总线系统。
- 唤醒导线。
- 用于碰撞信息的ACSM信号线。
- 控制车内组合式膨胀阀和单向阀。
- 高压触点监测装置电路输入端和输出端（EME控制单元分析信号，在电路断路时触发高压系统的断开）。
- 控制电动真空泵。
- EME的电动冷却液泵：按脉冲宽度调制的信号。

- 分析电动机上的转子位置传感器。
- 分析电动机上的温度传感器。
- 辅助蓄电池的智能型蓄电池传感器IBS2：LIN总线。
- 至充电接口模块LIM的信号线。

这些导线和信号的电流强度相对较低。电动机电子伺控系统通过两个单独的低压接口和大横截面导线与12V车载网络（端子30和31）相连。通过该连接，电动机电子伺控系统中的DC/DC转换器向整个12V车载网络供电。通过螺栓连接实现这两根导线与电动机电子伺控系统的接触。

图5-53是一张简化了的电路图，汇总了电机电子伺控系统的低压接口。

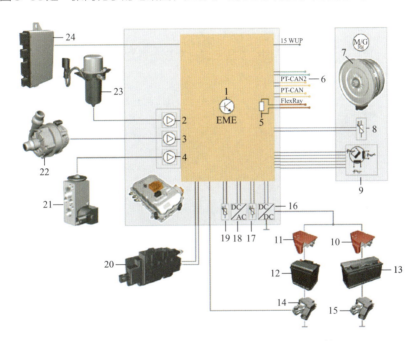

▲ 图5-53 F18 PHEV电动机电子伺控系统的低压接口

1—电动机电子伺控系统（EME）；2—用于控制电动真空泵的末级；3—用于控制电动冷却液泵的末级（EME的冷却液续航）；4—用于控制可闭锁的膨胀阀的末级；5—FlexRay终端电阻；6—高压触点监测装置信号线；7—电动机（整体）；8—温度传感器（NTC电阻器）测量电动机输出端上的冷却液温度；9—转子位置传感器；10—安全蓄电池接线柱SBK；11—辅助蓄电池的安全蓄电池接线柱SBK2；12—12V辅助蓄电池；13—12V蓄电池；14—智能型蓄电池传感器2IBS2；15—智能型蓄电池传感器IBS；16—单向DC/DC转换器；17—DC/DC转换器上的温度传感器（NTC电阻器）；18—双向DC/AC转换器；19—转换器上的温度传感器（NTC电阻器）；20—碰撞安全模块；21—车内组合式膨胀阀和单向阀；22—电动冷却液泵（80W）；23—电动真空泵；24—充电接口模块LIM

在电动机电子伺控系统上共有五个高压接口,用于连接其他高压组件导线见表5-1。

表5-1 电动机电子伺控系统五个高压接口

组件连接	触点数目	电压类型	屏蔽件
电动机	3相	交流电压	1个屏蔽件用于所有3根导线
高压蓄电池	2芯	直流电压	每根导线有1个屏蔽件
电动制冷压缩机	2芯	直流电压	1个屏蔽件用于2根导线
电加热装置	2芯	直流电压	1个屏蔽件用于2根导线
充电接口(交流充电)	2芯	交流电压	1个屏蔽件用于2根导线

图5-54显示了电动机电子伺控系统和其他高压组件之间的高压连接。

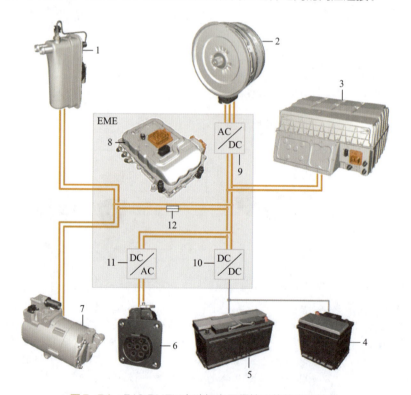

▲图5-54 F18 PHEV电动机电子伺控系统的高压接口

1—电加热装置;2—电动机;3—高压蓄电池;4—辅助蓄电池(12V);5—车辆蓄电池(12V);6—高压充电接口;7—电动制冷压缩机;8—电动机电子伺控系统(整体);9—双向DC/AC转换器;10—单向DC/DC转换器;11—单向AC/DC转换器;12—过电流保护装置[在电动制冷压缩机和电加热装置的供电导线中(80A)]

电动机电子伺控系统内部有四个部件：

- 双向DC/AC转换器。
- 单向AC/DC转换器。
- DC/DC转换器。
- EME控制单元。

中间电路电容器也是功率控制电路的组成部分，用于平整电压并过滤高频部分。

电动机电子伺控系统借助上述部件执行以下功能。

- 出现故障和行驶状态不稳定时限制驱动系的扭矩。
- 通过EME控制单元控制内部部件。
- 通过DC/DC转换器为12V车载网络供电。
- 借助DC/AC转换器调节电动机（转速、扭矩）。
- 高压电源管理。
- 电动机触点控制。
- 高压蓄电池触点控制。
- 在静止模式中给高压蓄电池充电。
- 在行驶模式中高压蓄电池充电（通过能量回收）。
- 电动制冷压缩机触点控制。
- 电加热装置触点控制。
- 与其他控制单元通信，特别是DME、SME和DSC。
- 冷却电动机电子伺控系统。
- 为冷却EME而控制电动冷却液泵。
- 控制电动真空泵。
- 控制车内组合式膨胀阀和单向阀。
- 分析备用智能型蓄电池传感器。
- 主动分析用于高压触点监控（高压互锁）的信号。
- 将中间电路电容器主动和被动放电到60V以下的电压。
- 自检和诊断。

电动机电子伺控系统由一个独立的冷却液循环进行冷却，循环回路如图5-55所示。

冷却液循环组成部分：

- 一个冷却液–空气热交换器。
- 一个电动冷却液泵（80W）。
- 一个热膨胀平衡罐。
- 冷却液管。

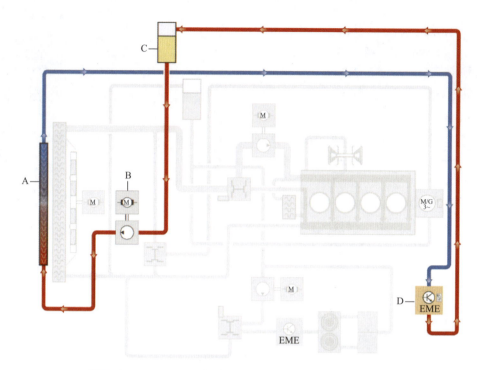

▲ 图5-55　F18 PHEV电动机电子伺控系统的冷却液循环回路

A—冷却液-空气热交换器（电动机电子伺控系统冷却液循环）；B—电动冷却液泵（电动机电子伺控系统冷却液循环，80W）；C—冷却液热膨胀平衡罐（电动机电子伺控系统冷却液循环）；D—电动机电子伺控系统（EME）

F18 PHEV电动机电子伺控系统冷却液循环安装位置如图5-56所示。

▲ 图5-56　F18 PHEV电动机电子伺控系统冷却液循环安装位置

1—冷却液-空气热交换器；2—冷却液热膨胀平衡罐；3—电动冷却液泵（80W）；4—电动机电子伺控系统（EME）

冷却液-空气热交换器集成在冷却模块中。根据电动机电子伺控系统的冷却请求，以优化的需求量和消耗量控制电动冷却液泵和电动风扇。

通过根据需求控制电动风扇和电动冷却液泵，避免可能有损电子装置使用寿命的剧烈温度波动以及省电地进行冷却。

5.2.5　奔驰S500 PHEV功率电子装置

功率电子装置控制单元位于发动机舱右前方。功率电子装置控制单元内集成了一个逆变器，用于促动电动机。与此前的型号相比，功率电子装置控制单元仅具有逆变器结构，而直流转换器则作为一个单独的组件位于行李箱中。

功率电子装置控制单元可根据ME控制单元的请求，以三相交流电促动电动机。它会监控电动机转子的温度和位置，并向ME控制单元提供诊断及可用扭矩预测。

功率电子装置控制单元通过高电压配电板与高电压车载电气系统的线束相连。该装置接口分布如图5-57所示。

1—控制单元插接口；2—高电压配电板高电压接口［连接电动机（端子U）］；3—高电压配电板高电压接口［连接电动机（端子V）］；4—高电压配电板高电压接口［连接电动机（端子W）］；5—高电压配电板高电压接口（高电压蓄电池）；6—冷却液回流管；7—冷却液进流管；N129/1—功率电子装置控制单元

▲ 图5-57　功率电子装置接口分布

5.2.6　传祺GA3S电动机控制

集成电动机控制器是集成了ISG、TM及DC/DC三合一的控制器，其工作电压范围为220～460V，瞬时最高电流为445A。电动机控制器安装位置如图5-58所示。

▲ 图5-58　电动机控制器安装位置

集成电动机控制器包括控制电路、功率驱动单元、DC/DC、高低压接插件、内部线束和所有相关的软硬件等。集成电动机控制器作为发电机和驱动电机的控制器，并集成了DC/DC，是一款双电动机控制器。

电动机控制器的作用：接收整车命令；将直流电压转化为交流电压，控制电动机在不同转速下的扭矩输出；将电动机控制器系统的状态返回给整车。电动机控制器系统连接如图5-59所示。

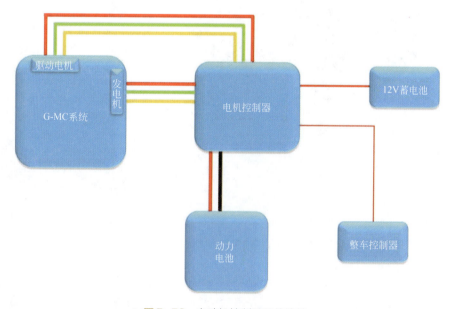

▲ 图5-59　电动机控制器系统连接

如图5-60所示为控制器组成部件，薄膜电容的主要功能是储能作用，特别是在电动机高速制动工况下能快速的储存电动机能量反馈的电能，同时另一个功能就是在电动机启动的瞬间能给IGBT提供较大启动电流保证电动机的顺利启动。电动机控制器的核心零部件为IGBT，控制器通过IGBT变频开关来控制电动机的运行。DC/DC组件主要的功能是将高压电池的电转化成低压为蓄电池补充电量以及给整车低压用电器提供电能。

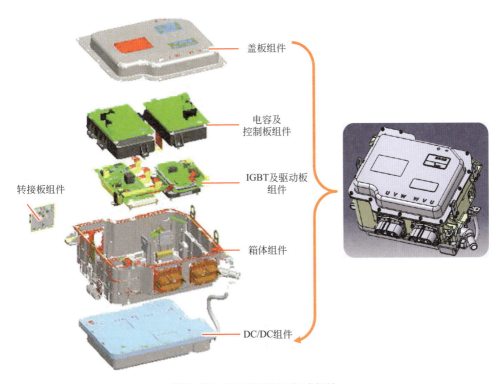

▲ 图5-60　电动机控制器组成部件

模块6 整车与混动控制系统

项目1 整车控制系统

6.1.1 传祺 GA3S PHEV

整车控制器作为电动汽车的核心部件,负责实现整车控制策略,协调各子系统工作,是电动汽车的控制中枢,如图6-1所示。

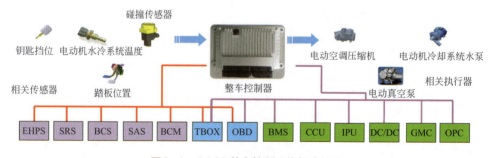

▲ 图6-1 GA3S整车控制系统组成部件

零件名称	缩写	功能	零件名称	缩写	功能
电子控制动力转向系统	EHPS	控制电磁阀的开度,从而满足高、低速时的转向助力要求	电池管理单元	BMS	检测动力电池状态,控制动力电池输入/输出
安全气囊	SRS	被动安全性保护系统,与座椅安全带配合使用,为乘员提供防撞保护	整车控制器	VCU(HCU)	接收整车高压/低压附件信号,对整车进行控制

续表

零件名称	缩写	功能	零件名称	缩写	功能
车身控制系统	BCS	控制ABS/ESP	耦合控制单元	CCU	检查GMC油压/油温，通过控制电磁阀实现离合器吸合/断开
半主动悬架	SAS	通过传感器感知路面状况和车身姿态，改善汽车行驶平顺性和稳定性的一种可控式悬架系统	集成电动机控制器	IPU	控制驱动电动机和发电机
车身控制模块	BCM	设计功能强大的控制模块，实现离散的控制功能，对众多用电器进行控制	直流转换器	DC/DC	将动力电池内高压直流电转化为12V，供低压用电器使用
远程监控系统	TBOX	行车时实时上传整车信号至服务器，实现对车辆进行实时动态监控	机电耦合系统	GMC	内置TM、ISG、差减速器，实现整车动力输出
车载诊断系统	OBD	诊断整车故障状态	低压油泵控制器	OPC	辅助控制GMC内部冷却油流动

6.1.2 荣威ERX5 EV

整车控制单元（VCU）用于行车控制，安装于车辆左前翼子板位置，拆下左前翼子板即可看见，见图6-2。

▲ 图6-2 荣威ERX5整车控制单元安装位置

整车控制单元（VCU）的功能是根据踏板信号和挡位状态解释驾驶员的驾驶意图，依据动力系统部件状态协调动力系统输出动力。另外，VCU具有冷却风扇控制、仪表显示等辅助功能，系统框图如图6-3所示。

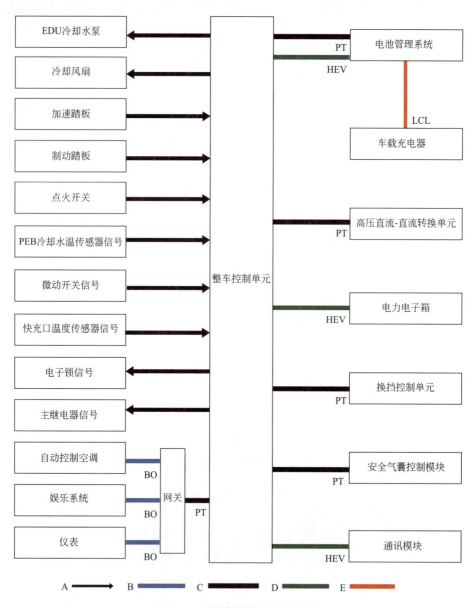

▲ 图6-3 整车控制单元系统框图

A—硬线；B—车身高速CAN线；C—动力高速CAN线；D—混动高速CAN线；E—本地高速CAN线

（1）驾驶员意图分析 – 制动与加速

VCU读取换挡控制单元（SCU）的PRND信息及制动开关信号。VCU根据加速踏板的位置信号，发送给驱动电动机控制单元（MCU）进行输出控制。

> 注意：当外部充电线连接在车上，VCU将接收到BMS的充电进行中的信息，此时整车控制系统将禁止车辆移动。

（2）动力模式管理

① VCU能够根据车辆状态获取期望的扭矩并将这些信息发送到MCU。

② BMS监控当前高压电池包的状态并反馈给VCU，VCU结合这些状态信息及当前的功率输出需求来平衡高压电功率的使用。

③ 电空调压缩机和PTC高压电模块必须根据当前的VCU动力限制或者坡度限制开始工作。

（3）制动能量回收

滑行或者减速的时候，整车控制系统能够进行制动能量的回收。制动能量通过驱动电动机转换为电能储存到高压电池组中。

> 注意：当ABS被激活或者ABS故障的时候，整车控制系统将关闭该功能。

（4）辅助功能

① 冷却风扇控制。根据热管理策略控制冷却风扇的工作。

② 仪表显示。仪表上动力系统就绪、动力系统故障的信号来自于VCU。

③ 充电下的辅助功能。充电模式下，VCU控制风扇、冷却水泵和DC/DC转换器工作。

6.1.3 北汽新能源EV200

北汽新能源EV200纯电动汽车的整车控制原理组成如图6-4所示，各控制功能如表6-1所示。

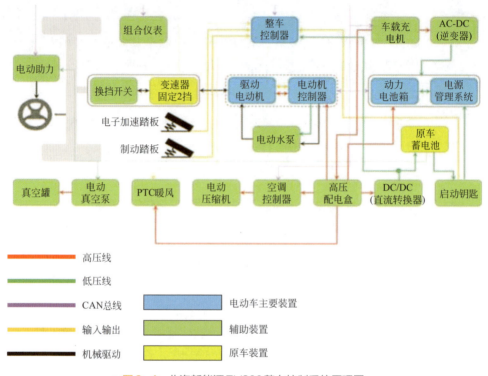

▲ 图6-4 北汽新能源EV200整车控制系统原理图

表6-1 整车控制系统功能

序号	功能	控制说明
1	驾驶员意图解析	主要是对驾驶员操作信息及控制命令进行分析处理，也就是将驾驶员的油门信号和制动信号根据某种规则，转化成电动机的需求转矩命令。因而驱动电动机对驾驶员操作的响应性能完全取决于整车控制的油门解释结果，直接影响驾驶员的控制效果和操作感觉
2	驱动控制	根据驾驶员对车辆的操纵输入（加速踏板、制动踏板以及选挡开关）、车辆状态、道路及环境状况，经分析和处理，向VMS发出相应的指令，控制电动机的驱动转矩来驱动车辆，以满足驾驶员对车辆驱动的动力性要求；同时根据车辆状态，向VMS发出相应指令，保证安全性、舒适性

续表

序号	功能	控制说明
3	制动能量回馈控制	整车控制器根据加速踏板和制动踏板的开度、车辆行驶状态信息以及动力电池的状态信息（如SOC值）来判断某一时刻能否进行制动能量回馈，在满足安全性能、制动性能以及驾驶员舒适性的前提下，回收能部分能量。包括滑行制动和刹车制动过程中的电机制动转矩控制。根据加速踏板和制动踏板信号，制动能量回收可以分为两个阶段：阶段一是在车辆行驶过程中驾驶员松开加速踏板，但没有踩下制动踏板开始；阶段二是在驾驶员踩下了制动踏板后开始。制动能量回馈的原则：能量回收制动不应该干预ABS的工作。当ABS进行制动力调节时，制动能量回收不应该工作。当ABS报警时，制动能量回收不应该工作。当电驱动系统具有故障时，制动能量回收不应该工作
4	整车能量优化管理	通过对电动汽车的电动机驱动系统、电池管理系统、传动系统以及其他车载能源动力系统（如空调、电动泵等）的协调和管理，提高整车能量利用效率，延长续驶里程
5	充电过程控制	与电池管理系统共同进行充电过程中的充电功率控制，整车控制器接收到充电信号后，应该禁止高压系统上电，保证车辆在充电状态下处于行驶锁止状态；并根据电池状态信息限制充电功率，保护电池
6	高低压上下电控制：上下电顺序控制、慢充时序、快充时序	根据驾驶员对行车钥匙开关的控制，进行动力电池的高压接触器开关控制，以完成高压设备的电源通断和预充电控制。上下电流程处理：协调各相关部件的上电与下电流程，包括电动机控制器、电池管理系统等部件的供电，预充电继电器、主继电器的吸合和断开时间等
7	电动化辅助系统管理	电动化辅助系统包括电动空调、电制动、电动助力转向
8	车辆状态的实时监测和显示	整车控制器应该对车辆的状态进行实时检测，并且将各个子系统的信息发送给车载信息显示系统，其过程是通过传感器和CAN总线，检测车辆状态及其动力系统及相关电器附件相关各子系统状态信息来驱动显示仪表，将状态信息和故障诊断信息通过数字仪表显示出来
9	故障诊断与处理	连续监视整车电控系统，进行故障诊断，并及时进行相应安全保护处理。根据传感器的输入及其他通过CAN总线通信得到的电动机、电池、充电机等的信息，对各种故障进行判断、等级分类、报警显示；存储故障码，供维修时查看。故障指示灯指示出故障类型和部分故障码。在行车过程中，根据故障内容，进行故障诊断与处理

续表

序号	功能	控制说明
10	远程控制	① 远程空调控制：无论是在炎热的夏季，还是在寒冷的冬季，用户在出门前就可以通过手机指令实现远程的空调制冷、空调暖风和除霜功能，尤其对于带宝宝出门的用户，提前开启远程暖风或远程制冷，用户和宝宝一上车就可以进入一个舒适的环境和温度。 ② 远程充电控制：用户离开车辆时将充电枪插入充电桩，并不进行立即充电，可以利用电价波谷并在家里实时查询SOC值，需要充电时通过手机APP发送远程充电指令，进行充电操作
11	整车CAN总线网关及网络化管理	在整车的网络管理中，整车控制器是信息控制的中心，负责信息的组织与传输，网络状态的监控，网络节点的管理，信息优先权的动态分配以及网络故障的诊断与处理等功能。通过CAN（EVBUS）线协调电池管理系统、电动机控制器、空调系统等模块相互通信
12	基于CCP的在线匹配标定	主要作用是监控ECU工作变量、在线调整ECU的控制参数（包括MAP、曲线及点参数）、保存标定数据结果以及处理离线数据等。完整的标定系统包括上位机PC标定程序、PC与ECU通讯硬件连接及ECU标定驱动程序三个部分
13	DC/DC控制、EPS控制	整车控制器应该根据动力电池以及低压电池状态，对DC/DC、电动化辅助系统进行监控
14	挡位控制功能	挡位管理心系驾驶员的驾驶安全，正确理解驾驶员意图，以及识别车辆合理的挡位，在基于模型开发的挡位管理模块中得到很好的优化。能在出现故障时作出相应处理保证整车安全，在驾驶员出现挡位误操作时通过仪表等提示驾驶员，使驾驶员能迅速做出纠正
15	防溜车控制	纯电动汽车在坡上起步时，驾驶员从松开制动踏板到踩油门踏板过程中，会出现整车向后溜车的现象。在坡上行驶过程中，如果驾驶员踩油门踏板的深度不够，整车会出现车速逐渐降到0，然后向后溜车现象。 为了防止纯电动车在坡上起步和运行时向后溜车现象，在整车控制策略中增加了防溜车功能。防溜车功能可以保证整车在坡上起步时，向后溜车小于10cm；在整车坡上运行过程中如果动力不足，整车车速会慢慢降到0，然后保持零车速，不再向后溜车
16	远程监控	远程查询功能：用户可以通过手机APP实时查询车辆状态，实时了解自己爱车的状况，包括剩余SOC值、续驶里程等

整车控制系统连接如图6-5所示。

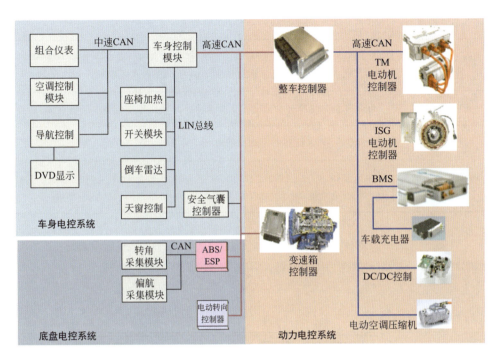

▲ 图6-5 整车控制系统连接

项目2 混合动力控制系统

6.2.1 丰田THS混合动力控制系统

THS（Toyota Hybrid System）系统即为丰田混合动力系统英文全称缩写。THS的核心是由行星齿轮机构组成的动力合成器（PSD-Power Split Device），或称为动力分配器，用于协调发动机、发电机和电动机的运行和动力传递。

THS系统具有如表6-2所示控制功能。

表6-2 THS系统的控制功能

项目	概要
怠速停止	自动停止发动机的怠速运转（怠速停止）以减少能量损失
EV行驶（高效行驶控制）	发动机效率低时，仅使用电动机即可驾驶车辆。此外，发动机效率高时可发电。进行此控制的目的是使车辆的总效率达到最高
EV行驶模式	如果驾驶员操作开关且满足工作条件，车辆即可仅依靠电动机行驶
电动机辅助	加速时，电动机补充发动机动力
再生制动（能量再生）	减速期间和踩下制动踏板时，收集以往以热量形式损失的部分能量，生成电能重新使用，如用作电动机动力

THS-II主要由发动机、混合动力车辆传动桥总成、带转换器的逆变器总成和HV蓄电池组成，采用混联式混合动力系统，组成部件见图6-6。

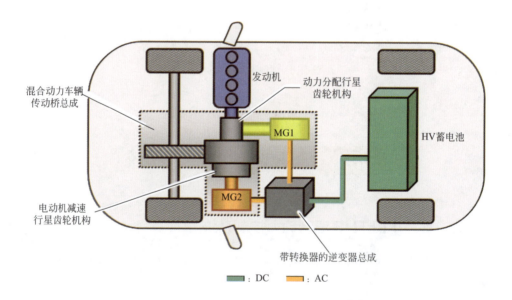

▲ 图6-6 THS系统组成部件

以雷克萨斯CT200H车型为例，该车混合动力系统部件如图6-7所示。

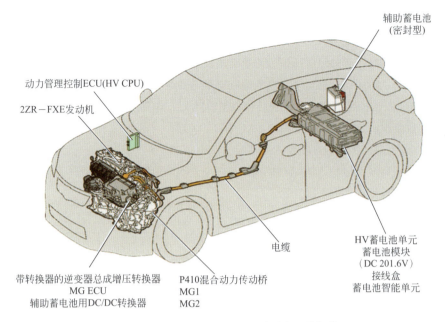

▲ 图6-7 雷克萨斯CT200H混合动力系统部件

6.2.2 本田IMA混合动力控制系统

IMA（Integrated Motor Assist）系统（一体化电动机辅助系统）为并联型混合驱动系统，由主电源装置（汽油发动机）与辅助系统（IMA电动机）构成，见图6-8。

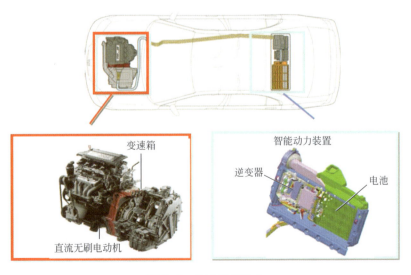

▲ 图6-8 IMA系统组成

如图6-9所示，IMA混合动力系统组成部件包括：

① 辅助发动机运行，也作为发电机使用的IMA电动机；

② 所用的高压电能包含在IPU里的电池模组；

③ 控制IMA电动机驱动和再生充电的电动机变频器（MPI）；

④ 将IMA电池的100.8V电压转换成蓄电池12V电压的直流-直流变换器；

⑤ 控制系统的电动机控制模块（MCM）；

⑥ 保护和开/关高电压电路的连接板；

⑦ 连接转换IPU和IMA电动机间的高压电流的电源缆线；

⑧ 放置在IPU上的备用轮胎。

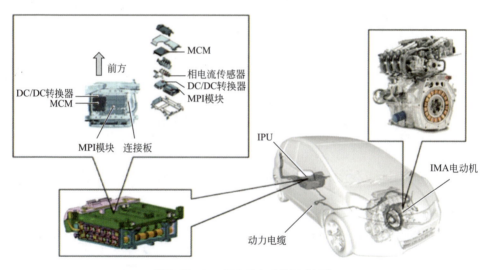

▲ 图6-9 IMA混合动力系统组成部件

IMA混合动力系统控制关系如图6-10所示。

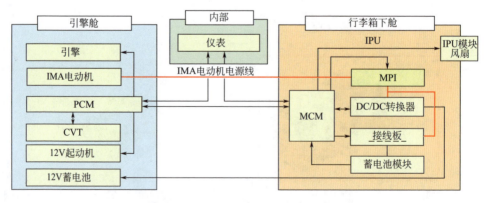

▲ 图6-10 IMA混合动力系统控制关系

6.2.3 本田i-MMD混合动力系统

本田i-MMD（Intelligent Multi Mode Drive）智能化多模式驱动系统混合动力系统是在串联驱动式基础上改进后同时具备发动机直接驱动模式（高速时）的全新混动模式，系统关键构成部件如图6-11所示。

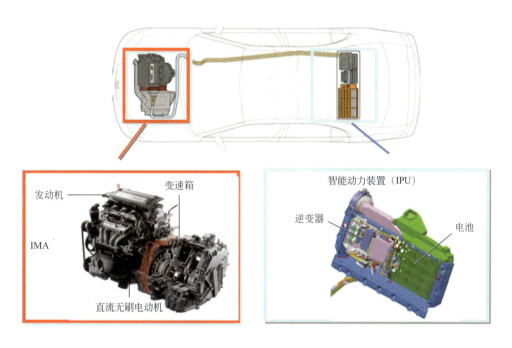

▲ 图6-11 本田i-MMD系统关键构成部件

电动动力系统由高压电动机和发动机提供动力。系统根据行驶情况或通过手动操作EV开关切换驱动动力。发动机为LFA1 2.0L DOHC i-VTEC顺序多点燃油喷射发动机，与高压电动机联合驱动车辆。

除发动机外，其主要部件还包括变速箱（e-CVT）内的两个高压电动机、发动机室中的电源控制单元（PCU）、行李箱中的高压蓄电池、PCU和高压蓄电池之间的高压电动机电源逆变器单元电缆。系统组成如图6-12所示。

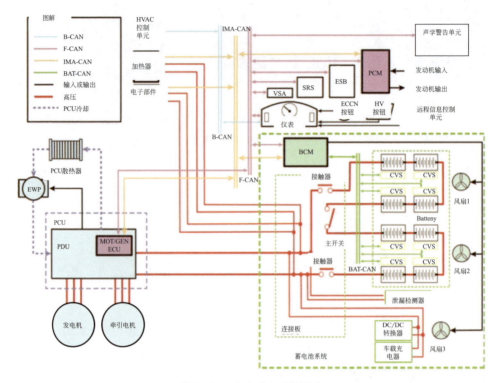

▲ 图6-12　电动动力系统组成

模块7 其他高压与电动化部件

项目1 电动空调压缩机

7.1.1 宝马i3电动空调压缩机

电动制冷剂压缩机采用螺旋型压缩机设计原理，其结构见图7-1。它从高电压蓄电池获取能量，最大功率消耗为4.5kW。该部件位于车辆后部，用螺栓固定在电动机上。车辆带有选装配置热力泵SA 4T9时，才使用相同的制冷剂压缩机。

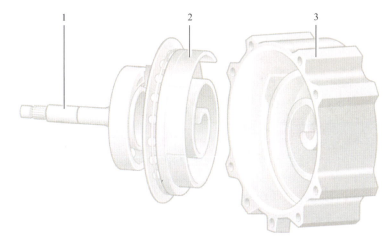

▲ 图7-1 电动制冷剂压缩机内的螺旋型盘

1—轴；2—螺旋型内盘；3—螺旋型外盘

电动制冷剂压缩机内的集成式三相交流同步电动机用作驱动装置。所需三相交流电流通过电动制冷剂压缩机内的一个交流电整流器（DC/AC转换器）进行转换。

三相交流同步电动机在860～8600r/min转速范围内驱动。处于静止状态时，电动制冷剂压缩机的转速限制为最大转速的60%，即5160r/min。电动制冷剂压缩机可产生约30bar的最大工作压力。在车外温度较高、车内温度较高、高电压蓄电池温度较高以及冷却模块行驶气流较少等情况下需要最大功率。

集成在电动制冷剂压缩机内的EKK控制单元根据LIN总线传输的IHKR/IHKA要求调节三相交流同步电动机的转速。在此，IHKR/IHKA控制单元是主控制单元。

在200～410V的电压范围（直流电）内为电动制冷剂压缩机供电。高于和低于该电压范围时就会降低功率或关闭电动制冷剂压缩机。

EKK控制单元和DC/AC转换器集成在电动制冷剂压缩机的铝合金壳体内，通过流经的气态制冷剂进行冷却。DC/AC转换器温度超过125℃时，EKK就会关闭高电压供电。通过提高转速用于自身冷却等各种措施可有效防止达到如此高的温度。通过EKK进行温度监控。温度降至112℃以下时，电动制冷剂压缩机就会重新运行。

制冷剂使用新型制冷剂R1234yf或以前常用制冷剂R134a（必须使用电动制冷剂压缩机所需专用制冷剂油）。

螺旋型内盘由三相交流同步电动机通过一个轴驱动并进行偏心旋转。通过固定式螺旋型外盘上的两个开口吸入低温低压气态制冷剂，然后通过两个螺旋型盘向中部移动使制冷剂压缩、变热。

以偏心方式转动三圈后，吸入的制冷剂压缩、变热，可通过外盘中部的开口以气态形式释放。高温高压气态制冷剂从此处经机油分离器流至制冷剂循环回路内电动制冷剂压缩机接口。压缩机工作原理见图7-2。

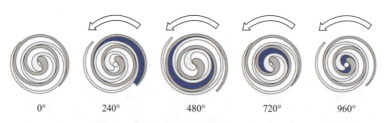

▲ 图7-2 电动制冷剂压缩机工作原理

宝马i3使用的是电动空调压缩机。该电动空调压缩机通过高压电驱动来提供所需的功率。即使在关闭发动机后的停车状态下，也可以利用空调压缩机（电气）驱动空调。

冷暖空调控制单元（IHKA）是主控制单元。冷暖空调控制单元通过LIN总线与空调压缩机（电气）的电子控制装置进行通信。

电子控制装置和变压器均整合在空调压缩机的壳体之中。通过流经的制冷剂对这两者进行冷却。在电子控制装置中分析冷暖空调控制单元的请求。变压器将直流电压转变成交流电压。利用交流电压驱动空调压缩机。

空调压缩机（电气）中的电子控制装置根据主控制单元（冷暖空调控制单元）的请求控制交流电动机的转速。

交流电动机（外转子，同步）驱动空调压缩机，由多个永久磁铁构成转子的磁场。

在一定的转速范围内（例如，2000~8600r/min）驱动交流电动机可以连续调节转速。

用于压缩制冷剂的是螺旋压缩机（也称作涡旋压缩机），螺旋压缩机根据排挤原理工作，螺旋压缩机由2个相互嵌套的螺旋构成，交流电动机通过轴驱动内螺旋，内螺旋作偏心运动，通过偏心运动使得两个螺旋反复接触，在螺旋之内形成多个逐渐变小的腔室，从而通过固定外螺旋中的开口吸入气态制冷剂，旋转大约2圈之后（例如，旋转720°之后）将吸入的制冷剂压缩，在随后的变化过程中（例如，旋转960°之后）制冷剂通过外螺旋中的中间开口流向冷凝器。

如果空调压缩机（电气）中变压器的温度升高到110℃以上，冷暖空调控制单元就会关闭电动空调压缩机。压缩机关闭之前控制器已经通过其他措施（如提高转速以实现自我冷却）尝试限制温度。

用于高压触点监测装置的检测导线经过高压组件的所有插头。在一些插头中安装了一个电桥。检测导线呈环形（类似于MOST环形结构）。环路中的下列控制单元分析检测导线的测试信号（具有一定频率的矩形波信号）：电动机电子伺控系统（EME）、存储器管理电子装置（SME）。

如果断开检测导线的电路，EME控制单元或者SME控制单元就会切断高压车载网络的供电。只有当检测导线的电路重新闭合后，才能给高压车载网络重新提供电压。

存储器电子管理系统（SME）生成测试信号。当启动高压车载网络时，存储器电子管理系统就会将测试信号馈入到检测导线之中。

图7-3所示为电动制冷剂压缩机。

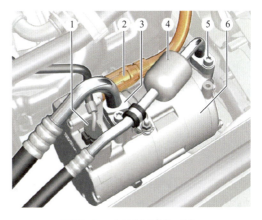

▲ 图7-3　电动制冷剂压缩机

1—低电压插头（LIN总线，用于EKK控制单元的12V电压）；2—高电压插头；3—抽吸管路接口；4—消音器（用于隔绝噪声）；5—压力管路接口；6—电动制冷剂压缩机

7.1.2 奔驰S500 PHEV电动压缩机

电动制冷剂压缩机负责制冷剂的抽取和压缩。电动制冷剂压缩机根据蒸发器温度，在800～9000r/min之间进行转速调节。

电动制冷剂压缩机根据车外温度，并在发生事故时被关闭。当车外温度$T<2℃$时，电动制冷剂压缩机通常会关闭。空调控制单元通过空调LIN2促动电动制冷剂压缩机。电动空调压缩机组成部件如图7-4所示。

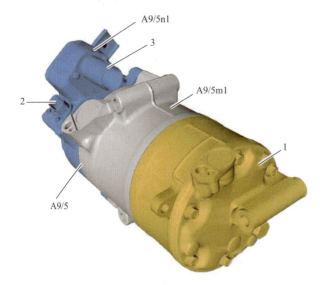

1—螺杆式压缩机；2—控制单元插接口；3—高电压接口；A9/5—电动制冷剂压缩机；A9/5m1—制冷剂压缩机电动机；A9/5n1—制冷剂压缩机控制单元和功率电子装置

▲ 图7-4 电动空调压缩机组成部件

项目2 电辅助加热器

7.2.1 宝马i3电控辅助加热器

为了避免因电气加热装置显著缩短电动车可达里程，在使用空调系统的情况下通过热力泵加热车内空间。

热力泵可视作空调系统的反向原理。在冷却模式下未使用并通过冷凝器释放到环境中而损失的热能，可在使用热力泵时通过使热制冷剂流入热力泵热交换器而用于加热车内空间。热力泵工作原理如图7-5所示。

热力泵与车辆所装组件配合可实现加热模式、制冷模式和混合模式。使用大约1kW功率可通过该系统获得大约3kW冷气或根据需要获得大约2kW热量。I01的

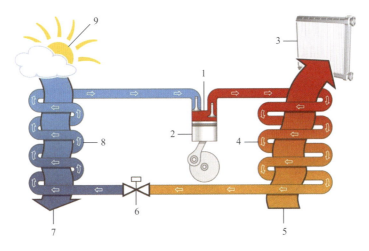

▲ 图7-5 热力泵工作原理图

1—压缩；2—能量消耗1/4；3—热力泵热交换器；4—有效热量4/4；5—液化；6—通过膨胀阀消除应力；7—蒸发；8—环境热量3/4；9—车外温度

电气加热装置需要大约5.5kW电能来提供大约5kW的加热功率。热力泵只需大约2.5kW即可达到该加热功率。

在-10～+40℃的温度范围内，热力泵可以所有运行模式运行。

热力泵不是单个部件，而是制冷剂循环回路的复杂调节装置，具有同样复杂的调节结构。

出于重量原因，仅在BEV型号蓄电池电动车（即车辆不带增程器）上提供热力泵。

车辆带有热力泵SA 4T9时，第四根制冷剂管路与标配的三根管路一起在右侧车门槛处一直延伸至车辆尾部。热力泵有约36个其他部件（包括固定支架等小部件），增加重量约7kg。

车辆带有热力泵SA 4T9时，制冷剂循环回路内的加注量为970g。采用标准配置时，系统加注量为750g。热力泵的任务是在保持空调舒适度不变（与不带热力泵的系统相比）的情况下提高可达里程。从车外温度为-10℃且空调系统达平均规定值（在自动运行模式下22℃）起，在没有辅助加热的情况下，通过电气加热装置进行空气调节。低于-10℃时不再驱动热力泵。热力泵系统组成如图7-6所示。

根据IHKR/IHKA的要求确定热力泵的运行模式。由热力泵控制器控制阀门和读取传感器数值，但在IHKR/IHKA控制单元内执行中央控制功能。

在此使用类似于浸没式加热器对冷却液进行加热的电气加热装置来加热车内空间。

该高电压组件由三个加热线圈和一个电子控制装置构成。它可消耗高电压蓄电池最高5.5kW功率并通过LIN总线将出口冷却液温度和当前耗电量信息发送至IHKR/IHKA控制单元。以脉冲方式控制三个加热线圈。

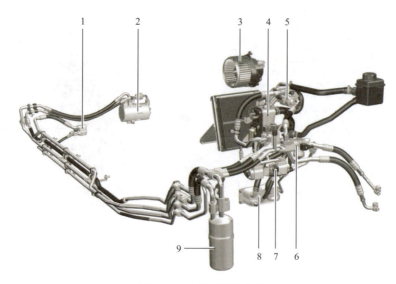

▲ 图7-6　热力泵系统组成

1—高电压蓄电池单元上的电动调节式膨胀阀EXV；2—电动制冷剂压缩机；3—车内空间鼓风机；4—电气加热装置；5—用于车内空间蒸发器的电动调节式膨胀阀EXV；6—冷凝器与干燥器瓶之间的制冷剂截止阀；7—电动制冷剂压缩机与热力泵热交换器之间的制冷剂截止阀；8—热力泵热交换器；9—干燥器瓶

电气加热装置位于前围板处与电动冷却液泵共用的一个支架上，见图7-7。

▲ 图7-7　电气加热装置

1—电气加热装置；2—冷却液泵12V接口；3—低压加注阀（黑色螺旋盖＝R134a，灰色螺旋盖＝R1234yf）；4—从冷却液泵至电气加热装置的冷却液供给管路；5—电动冷却液泵（12V）；6—自补液罐的冷却液供给管路；7—高压加注阀（黑色螺旋盖＝R134a，灰色螺旋盖＝R1234yf）；8—电气加热装置上的高电压接口

制冷剂循环回路带有该选装配置时，在热力泵运行模式未启用的情况下与标准配置的循环回路完全相同。通过关闭制冷剂截止阀（18，20）和打开制冷剂截止阀（17，21）可使循环回路完全正常运行，带热力泵的制冷剂回路如图7-8所示。

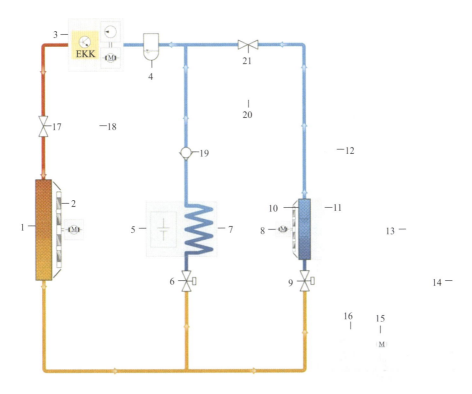

▲ 图7-8 带热力泵的制冷剂循环回路（冷却模式）

1—冷凝器；2—电风扇；3—电动制冷剂压缩机；4—干燥器瓶；5—高电压蓄电池单元；6—用于高电压蓄电池单元内散热管的电动调节式膨胀阀EXV；7—高电压蓄电池单元内的散热管；8—车内空间鼓风机；9—用于车内空间蒸发器的电动调节式膨胀阀EXV；10—暖风和空调器内的车内空间蒸发器；11—暖风热交换器；12—电气加热装置；13—热力泵热交换器；14—用于热力泵热交换器的电动调节式膨胀阀EXV；15—电动冷却液泵；16—冷却液补液罐；17—电动制冷剂压缩机与冷凝器之间的制冷剂截止阀（该阀未通电时打开）；18—冷凝器与干燥器瓶之间的制冷剂截止阀（该阀未通电时关闭）；19—制冷剂单向阀；20—电动制冷剂压缩机与热力泵热交换器之间的制冷剂截止阀（该阀未通电时打开）；21—热力泵热交换器上电动调节式膨胀阀EXV与干燥器瓶之间的制冷剂截止阀（该阀未通电时打开）

在加热模式下使用热力泵时，制冷剂截止阀（17，21）关闭，制冷剂截止阀（18，20）打开。这样可使制冷剂循环回路改为经过热力泵热交换器，循环回路见图7-9。

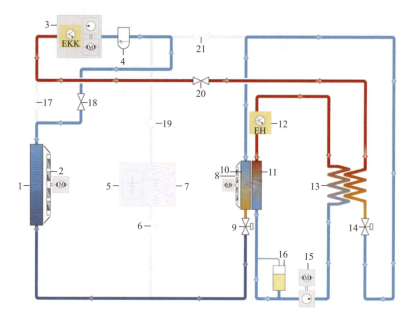

▲ 图7-9 带热力泵的制冷剂循环回路（加热模式）

1—冷凝器；2—电风扇；3—电动制冷剂压缩机；4—干燥器瓶；5—高电压蓄电池单元；6—用于高电压蓄电池单元内散热管的电动调节式膨胀阀EXV；7—高电压蓄电池内的散热管；8—车内空间鼓风机；9—用于车内空间蒸发器的电动调节式膨胀阀EXV；10—暖风和空调器内的车内空间蒸发器；11—暖风热交换器；12—电气加热装置；13—热力泵热交换器；14—用于热力泵热交换器的电动调节式膨胀阀EXV；15—电动冷却液泵；16—冷却液补液罐；17—电动制冷剂压缩机与冷凝器之间的制冷剂截止阀（该阀未通电时打开）；18—冷凝器与低压蓄能器（干燥器瓶）之间的制冷剂截止阀（该阀未通电时关闭）；19—制冷剂单向阀；20—电动制冷剂压缩机与热力泵热交换器之间的制冷剂截止阀（该阀未通电时打开）；21—热力泵热交换器上电动调节式膨胀阀与低压蓄能器（干燥器瓶）之间的制冷剂截止阀（该阀未通电时打开）

因此不会再向冷凝器以无用方式排出热量，而是向用于暖风循环回路的冷却液释放热量。热力泵热交换器输出端的电动调节式膨胀阀EXV通过控制压力在此形成充足热量。为使循环回路重新闭合，通过电动调节式膨胀阀EXV使暖风和空调器内的蒸发器同样执行积蓄制冷剂压力的作用。因此，通过控制原本用于进行冷却的电动调节式膨胀阀EXV使蒸发器内的制冷剂压力进一步提高并利用由此产生的热量。之后压力降低的制冷剂朝相反流动方向通过冷凝器经过打开的制冷剂截止阀（18）和干燥器瓶重新输送至电动制冷剂压缩机。

在混合模式下使用热力泵时，截止阀（17、20和21）打开。由于无需转换流动方向，因此截止阀（18）关闭。这样可划分出高温高压制冷剂，循环回路见图7-10。

模块7 其他高压与电动化部件

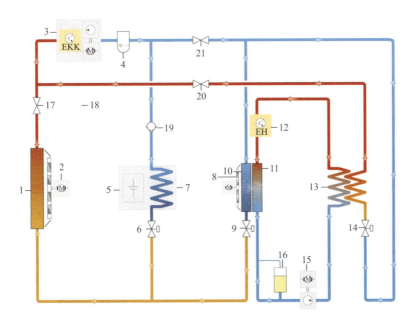

▲ 图7-10 带热力泵的制冷剂循环回路（混合模式）

1—冷凝器；2—电风扇；3—电动制冷剂压缩机；4—干燥器瓶；5—高电压蓄电池单元；6—用于高电压蓄电池单元内散热管的电动调节式膨胀阀EXV；7—高电压蓄电池单元内的散热管；8—车内空间鼓风机；9—用于车内空间蒸发器的电动调节式膨胀阀EXV；10—暖风和空调器内的车内空间蒸发器；11—暖风热交换器；12—电气加热装置；13—热力泵热交换器；14—用于热力泵热交换器的电动调节式膨胀阀EXV；15—电动冷却液泵；16—冷却液补罐；17—电动制冷剂压缩机与冷凝器之间的制冷剂截止阀（该阀未通电时打开）；18—冷凝器与干燥器瓶之间的制冷剂截止阀（该阀未通电时关闭）；19—从高电压蓄电池单元散热管至干燥器瓶的压力管路内的制冷剂单向阀；20—电动制冷剂压缩机与热力泵热交换器之间的制冷剂截止阀（该阀未通电时打开）；21—热力泵热交换器上电动调节式膨胀阀EXV与干燥器瓶之间的制冷剂截止阀（该阀未通电时打开）

一方面可通过蒸发器上的冷却实现高电压蓄电池单元冷却和车内空间除湿，另一方面还可将划分出的通过制冷剂输送的热量用于热力泵热交换器。

与不带热力泵的车辆相比还有一项优势，当光照强烈时，需要从通风格栅吹入冷空气，但这并不一定符合脚部空间要求。为此，不带热力泵的车辆必须通过电气加热装置进行稍稍加热，从而使脚部空间调节至舒适温度。带有热力泵时，在混合模式下无需消耗能量即可通过热力泵热交换器对脚部空间一起进行加热。

在电控辅助加热器中，以电动方式将加热循环回路内的冷却液加热到客户希望的温度。

电控辅助加热器是一个单独的部件，工作原理与电动直通式加热器一样。电控辅助加热器借助加热螺旋体按需加热循环回路中的冷却液。此时，以间歇方式控制加热螺旋体。通过局域互联网总线，电控辅助加热器将出口的冷却液温度以及电流消耗输出至冷暖空调的控制单元。

在冷暖空调控制单元中，根据不同的信号（例如，脚部空间温度传感器的温度信号）生成一个针对电控辅助加热器的百分比功率请求，并将其传输到局域互联网总线。

图7-11所示为电控辅助加热器，以i3车型为例。

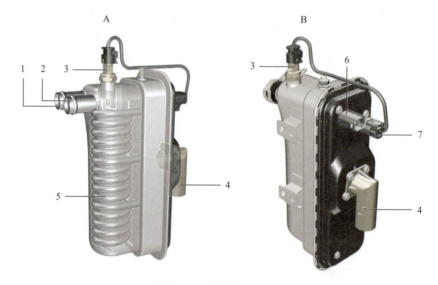

▲ 图7-11 电控辅助加热器

A—视图显示加热螺旋体；B—视图显示电气接口；1—冷却液入口（来自附加冷却液泵）；2—冷却液出口（至车厢内部的暖风热交换器）；3—冷却液温度传感器（在暖风热交换器的冷却液出口上）；4—高压车载网络上的接口；5—加热螺旋体（3个并联的加热螺旋体）；6—12V车载网络上的接口；7—冷却液温度传感器接口

电控辅助加热器连接在高压车载网络上。加热螺旋体是并联的。

7.2.2 宝马X1电气加热系统

F49 PHEV的热交换器与内燃发动机的冷却液回路集成为一体。通过内燃发动机的加热确保热交换器输出充足的热量，从而对乘客舱进行加热。因为这款汽车的混动概念，内燃发动机在很多驾驶条件下所产生的热量非常低，并且无法将冷却液回路加热至必要的温度，所以F49 PHEV配备了电气加热装置。原则上，这种功能与快热式热水器相似。通过一个切换阀形成一个独立的回路，该回路在电动冷却液泵中进行循环，见图7-12。

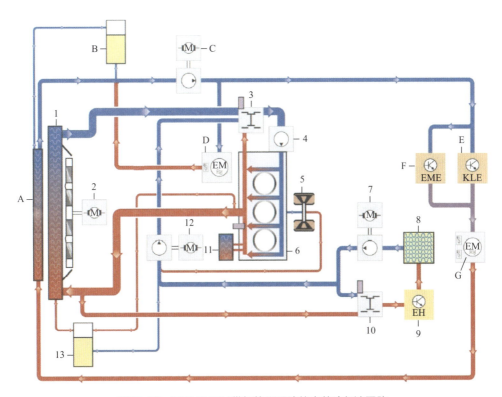

▲ 图7-12　F49 PHEV带加热器回路的完整冷却液回路

A—冷却液/空气热交换器（高压组件的冷却液回路）；B—冷却液膨胀箱（高压组件的冷却液回路）；C—电动冷却液泵（电动机电子装置的额冷却液回路，80W）；D—高压启动电动发电机（HV—SGR）；E—便捷充电电子装置KLE；F—电动机电子装置（EME）；G—电动机；1—冷却液/空气热交换器；2—电动风扇；3—特性图恒温器（内燃发动机）；4—机械冷却液泵（内燃发动机）；5—排气涡轮增压器；6—内燃发动机B38；7—加热器回路的电动冷却液泵（20W）；8—热交换器；9—电气加热装置；10—电动转换阀（加热器回路）；11—冷却液/发动机机油热交换器；12—排气涡轮增压器的电动冷却液泵；13—冷却液膨胀箱（内燃发动机的冷却液回路）

　　加热器回路安装位置见图7-13。

　　如果驾驶员通过IHKA控制单元调整预期温度，IHKA对相关标称温度进行计算，并与电加热器的实际温度进行对比。因此，电加热器配备了一个温度传感器，见图7-14。IHKA控制单元通过这种配置可以判定内燃发动机产生的热量是否足以对乘客舱进行加热，或者是否需要打开电加热器。如果冷却液的温度过低，电加热器可分为六个阶段进行加热。电加热器通过这种控制操作实现根据具体条件进行运行。

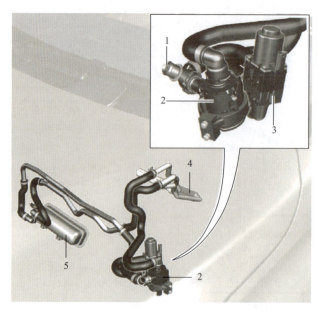

1—冷却液回路接口；2—电动冷却液泵（20W）；3—电动切换阀；4—热交换器；5—电气加热装置

▲ 图7-13　F49 PHEV加热器回路安装位置

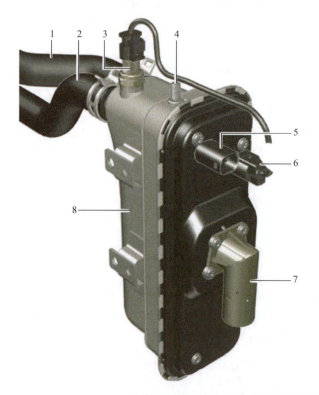

1—用于冷却液供给管路的接口；2—用于冷却液回流管路的接口；3—电加热器输出口的冷却液温度传感器；4—电位均衡接口；5—信号接头（低压接头）；6—传感器接口；7—高压接头的接口；8—电气加热装置

▲ 图7-14　F49 PHEV电加热器接口

冷却液低温条件下（比如，启动时间较短，或纯电动驾驶），通过车身域控制器启用电动切换阀。电动切换阀对来自内燃发动机的冷却液回路进行封堵。此时，冷却液通过电动冷却液泵输送至电加热器进行加热，然后根据情况通过双联阀输送至换热器。低温回路如图7-15所示。

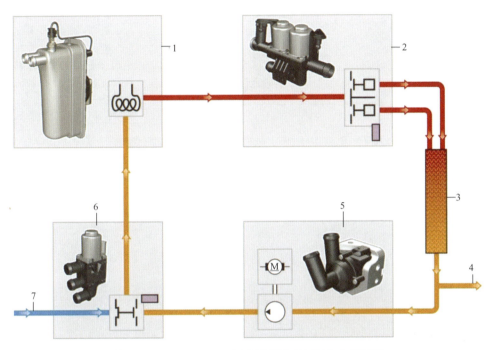

▲ 图7-15　F49 PHEV冷却液低温条件下的加热器回路

1—电气加热装置；2—双联阀；3—热交换器；4—冷却液回路供给；5—电动冷却液泵；6—电动切换阀；7—冷却液回路输出

发动机冷却液高温时，经过内燃发动机加热的冷却液在电气加热装置不通电的条件下流经（切换阀打开）电气加热装置及双联阀，最后进入热交换器。部分热量在流过换热器时释放至空气中，最后再次流入内燃发动机的冷却液回路。电气加热装置关闭，但是电动冷却液泵被启用。高温回路如图7-16所示。

电动冷却液泵、电动切换阀及双加热阀属于12V组件，通过车身域控制器启用。

电加热器的最大功率为5.5kW（280V和20A）。通过三个加热器线圈实现电气加热，三个线圈的功率约为0.75kW、1.5kW和2.25kW。加热器线圈（单个或多个）的开关通过电子开关（Power MOSFET）在电加热器内进行开关操作。电加热器功能电路如图7-17所示。

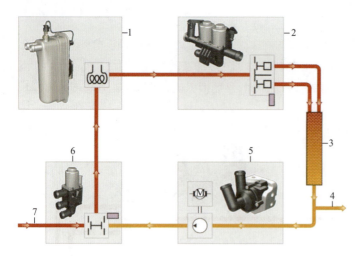

▲ 图7-16 F49 PHEV冷却液高温条件下的加热器回路

1—电气加热装置；2—双联阀；3—热交换器；4—冷却液回路供给；5—电动冷却液泵；6—电动切换阀；7—冷却液回路输出

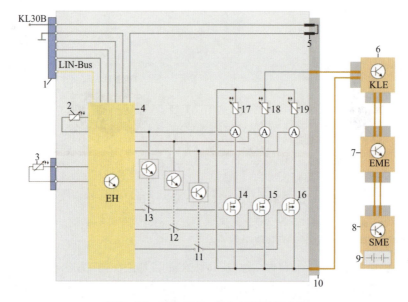

▲ 图7-17 F49 PHEV电加热器功能电路

1—低压接头；2—电气加热控制单元打印电路板的温度传感器；3—回流冷却液的温度传感器；4—电气加热装置（控制单元）；5—高压接头内的电桥；6—便捷充电电子装置KLE；7—电动机电子装置（EME）；8—蓄电池管理电子装置（SME）；9—高压蓄电池单元；10—电气加热装置内的高压接头；11—开关（如果加热器线圈3出现过流，则断开硬件）；12—开关（如果加热器线圈2出现过流，则断开硬件）；13—开关（如果加热器线圈1出现过流，则断开硬件）；14—加热器线圈1的电子开关（Power MOSFET）；15—加热器线圈2的电子开关（Power MOSFET）；16—加热器线圈3的电子开关（Power MOSFET）；17—加热器线圈1；18—加热器线圈2；19—加热器线圈3

穿过独立线束的电流通过电气加热控制单元进行测量和控制。最大电流为20A，电压范围为250～400V。功率在该电压范围内上下浮动。如果耗电量增加，则通过硬件开关切断能量供给。这种开关配置的设计确保即便在控制单元出现故障时仍然可以进行安全断电。

电气加热装置内，高压电路和低压电路相互独立。

与局域互联网总线及电源（终端30B）相连的接口位于低压接头上。

电气加热圆接头的高压接点做了防接触保护。电气加热装置的高压接头不是高压联锁回路电路的组成部分。

高压接点旁边的高压接头内集成配置桥接器。高压接头内的桥接器为主要接点。这就意味着当拔出高压接头时，高压桥接器的接点首先被断开，高压接头被完全拔出前，EH控制单元的电源就已经被切断，从而高压侧的电力需求降为零。因此，高压接点不会出现电弧。

通过单独或联合启用独立的加热器线圈可以实现6个加热等级。IHKA控制单元通过局域互联网总线输出加热开关指令。

加热器线圈	加热等级	加热器输出/kW
1	1	0.75
2	2	1.5
3	3	2.25
1+3	4	3.0
2+3	5	3.75
1+2+3	6	4.5

达到最高温度或超出许可电流等级时，电加热器自动限制加热输出。

当高压蓄电池单元达到特定的充电状态后，电气加热装置的功率同样被降至ECO PRO模式。如果出现系统故障，则关闭电气加热。电加热器属于免维护装置。按50∶50配比的水与G48冷却液添加剂的混合物作为该装置的冷却液。

7.2.3　传祺GA3S PHEV电辅加热系统

GA3S PHEV暖风系统采用发动机及PTC加热器（最大功率5000kW）作为供热元件。根据车辆的使用工况，及用户需求，自动选择发动机或者PTC供暖。PTC加热器通过发热元件将水加热，将电能转化为热能。加热器安装位置见图7-18。

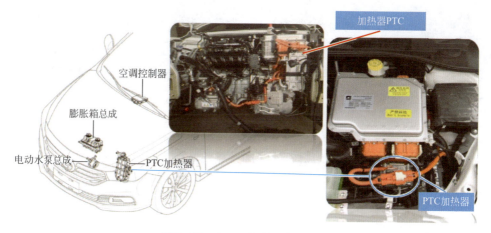

▲ 图7-18 GA3S加热器安装位置

> 注：PTC水加热器、电动压缩机为新能源汽车的耗电部件，会消耗动力电池电能，长期开启时会影响纯电行驶里程。建议使用时适度开启，避免动力电池电量消耗过快。

冷却液在PTC加热器中加热后，由暖风水管流入空调暖风水箱中，通过鼓风机使车厢内冷空气与暖风水箱进行热交换，之后热风从风道进入乘客舱，从而起到采暖、除霜、除雾的作用。工作循环路径如图7-19所示。

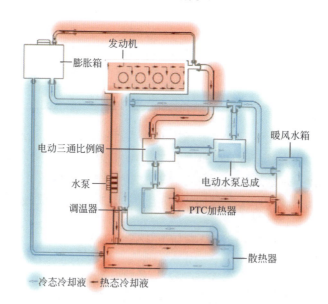

▲ 图7-19 冷却液工作循环路径

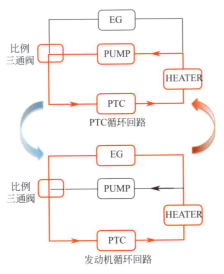

PTC系统有发动机和PTC两个供热元件，根据系统的需求进行切换，保证能够满足用户需求，同时考虑效率最佳。双路循环示意图如图7-20所示。

▲ 图7-20 双路循环示意图

项目3　高压启动电动机

7.3.1　宝马X1/i8车型

高压启动电动发电机安装在F49 PHEV发动机舱内前端传统交流发电机的位置，见图7-21。

F49 PHEV首次在BMW i12中使用的高压启动电动发电机。这是一种带齿的启动电动机系统，确保在所有条件下均可启动内燃发动机。高压启动电动发电机同样可用于能量回收和eBOOST。

高压启动电动发电机的功能包括：
- 对高压蓄电池单元进行充电。
- 启动内燃发动机。
- 增加内燃发动机的负载点。
- 内燃发动机的eBOOST功能。

F49 PHEV不再配备传统的启动电动机。汽油发动机只可通过高压启动电动发电机启动。启动电动发电机连接附件如图7-22所示。

▲ 图7-21 高压启动电动发电机的安装位置

F49 PHEV中的高压启动电动发电机是一种同步电动机。该装置的一般结构和操作原理与带有内部转子的永久励磁同步电动机相对应。转子安装在内部，并配备永磁体。定子为环形,位于转子外部,环绕转子。它的形状为穿通三相线圈的铁芯。

如果向定子应用一个三相交流电压,定子线圈产生一个旋转的磁场,旋转磁场"牵拉"转子内的磁体。在这种情况下,高压启动电动发电机发挥电动机的功能,通过提供附加扭矩辅助内燃发动机(eBOOST 功能)。

在充电模式中,旋转的转子产生改性磁场,从而在定子线圈中产生交流电压。启动电动发电机外部连接如图7-23所示。

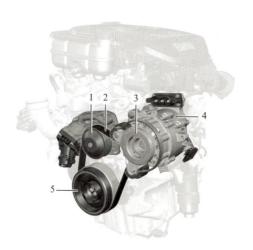

▲ 图7-22 F49 PHEV中的高压启动电动发电机连接附件

1—机械冷却液泵;2—多楔带;3—皮带摆动张紧装置;4—高压启动电动发电机;5—带集成弓形弹簧的减振器

▲ 图7-23 高压启动电动发电机的连接

1—冷却液线路的接口;2—高压接口;3—低压接口(信号线路);4—皮带轮

为了避免温度过高损害组件,高压启动电动发电机内配备了一个温度传感器。温度传感器是一个负温度系数的热变电阻,位于定子线圈。转子的温度未直接测量,但是可以通过定子内温度传感器的测量数值进行判定。信号同样由EME读取和评估。

为了确保定子线圈的定压,可以进行精确计算,并且EME可以根据振幅和相位产生电压,必须知道转子的精确设置角度。因此,高压启动电动发电机中配备了一个转子位置传感器。

转子位置传感器固定在高压启动电动发电机的定子上,根据倾斜传感器原理进行工作。转子位置传感器中有3个线圈。一个指定的交流电压供给至其中一个线圈,其他两个线圈各移动90°。这些线圈中产生的电压可以提供转子角度设置相关的信息。转子位置传感器由高压启动电动发电机的制造商安装在相应线列,确保其可以时刻进行精确调整。

7.3.2 别克君越混动

别克君越是上海通用汽车首款上市的混合动力车辆。使用的混合动力系统为BAS系统，即驱动皮带-发电机-起动机（Belt Alternator Starter）系统。这是一种轻混合动力系统（Mild-Hybrid）。

BAS混合动力车辆的特点就是由发动机提供主要的车辆动力，电动机提供车辆的辅助动力，同时电动机也替代了传统车辆的起动机和发电机。BAS系统结构如图7-24所示。

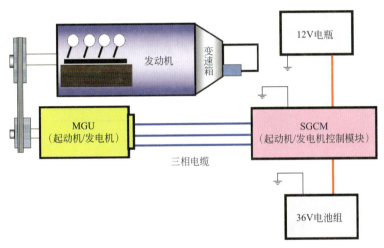

▲ 图7-24　BAS混合动力系统结构

君越Hybrid-BAS系统主要元件：起动机/发电机总成MGU（Motor Generator Unit）；驱动皮带及双向涨紧器总成；起动机/发电机控制模块SGCM（Starter/Generator Control Module）；36V镍氢电池组（NiMH）；混合动力电池组分离控制模块（Generator Battery Pack Disconnected Control Module），也叫能量存储控制模块（ESCM）；12V电池。BAS系统主要组成元件如图7-25所示。

▲ 图7-25　BAS系统主要组成元件

起动机/电动机总成内部结构如图7-26所示。

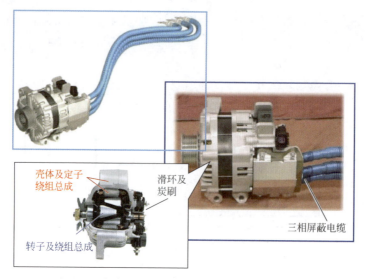

▲ 图7-26　高压起动机/发电机总成内部结构

项目4　电动化部件

7.4.1　转向系统电动助力转向器

奥迪Q5 hybrid quattro车上使用的不是液压助力转向系统，而是电动机械式转向系统。转向助力控制单元J500接在组合仪表/底盘CAN总线上。该转向系统部件分解如图7-27所示。

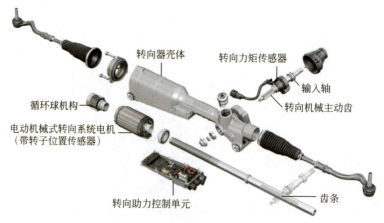

▲ 图7-27　奥迪Q5全混合动力车型电动机械式转向系统部件分解

7.4.2 自动变速器电动冷却泵

7.4.2.1 宝马F49自动变速器电动油泵

与所有自动变速器转换器类似，GA6F21AW内部配备变速器输入装置处配备一个机械变速器油泵，负责为液压系统供油，如图7-28所示。但是，该款汽车存在内燃机关闭状态下使用电动机的驾驶模式。根据自动变速器的配置，这就意味着变速器输入装置（扭矩转换器）没有速度，因此无法通过机械变速器油泵供油。但是，变速器输出装置（差速器）处通过转轮调节速度。速度差值通过自动变速器消除。从而通过附加的电动变速器油泵保障必要的润滑作用。

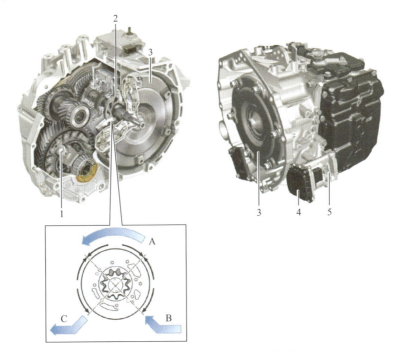

▲ 图7-28　F49 PHEV中的变速器供油装置

A—旋转方向；B—输入；C—输出；1—差速器；2—机械变速器油泵；3—液压扭矩转换器；4—变速器油泵的电子控制装置；5—电动变速器油泵（80W）

此外，还可以通过发动机自动启停功能（MSA）随时关停内燃发动机。如果出现这种状况，自动变速器机电一体化装置中的变速器机油（因内部自然泄露）回流至储油槽。为了确保机电一体化装置不会出现空转，并且为变速机构输送充足的变速器机油，附加电动变速器油泵同样被启用。

在F49 PHEV车型中，电动变速器油泵通过低压交流电压（AC）供能，需要较高的输出。变速器油泵电子控制装置需要配备转换器（DC/AC转换器）。与i12

（BMW i8）截然不同，F49 PHEV中的电子控制装置及电动变速器油泵位于同一个单元。电动变速器油泵的开关切换要求来自电子变速器控制（EGS）控制单元。电子控制装置不具备诊断功能。此类装置仅能读取相应的报告，并根据请求启用电动变速器油泵的电动机。

F49 PHEV自动变速器油泵工作方式如图7-29所示，冷却油回路见图7-30。

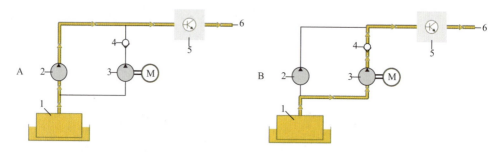

▲ 图7-29　F49 PHEV自动变速器油泵工作方式

A—启动汽油发动机；B—汽油发动机关闭；1—变速器油泵；2—机械变速器油泵；3—电动变速器油泵；4—止回阀；5—机电一体化模块；6—润滑油回路

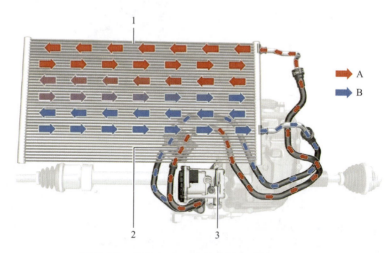

▲ 图7-30　F49 PHEV自动变速器的冷却油回路

A—恒温器至变速器冷油器的油路；B—变速器冷油器至恒温器的油路；1—变速器冷油器；2—恒温器；3—电动变速器油泵

空调冷凝器及高温散热器之间存在一个附加变速器冷油器。当达到相应的变速器油温时，油回路借助恒温器直接穿过变速器冷油器。

7.4.2.2 宝马F18自动变速器电动油泵

这是一个传统的压力循环系统。除了用在GA8HP70Z中的机械式机油泵，F18 PHEV的自动变速箱中还集成了一个电动辅助机油泵，如图7-31所示。

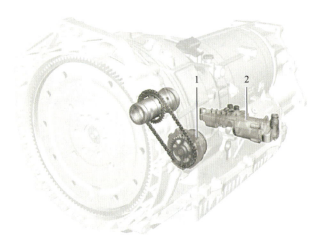

▲ 图7-31　F18 PHEV GA8P75HZ变速箱的机油泵
1—机械式机油泵；2—电动辅助机油泵

机械式机油泵由变速箱输入轴的一根滚动铰接式齿形链驱动。分离离合器断开时通过电动机进行驱动，分离离合器接合时通过发动机和电动机的组合进行驱动。

在变速箱输入轴转速过低的工作阶段，为了在出现负荷请求时缩短变速箱的反应时间，电动辅助机油泵补偿液压系统中的泄漏。

和机械式机油泵一样，电动辅助机油泵也是一台叶片泵。它由一个无电刷的直流电动机驱动。电子控制装置集成在电动辅助机油泵的壳体中，见图7-32，由电子变速箱控制系统EGS控制。自变速箱油温-5℃起，可驱动电动辅助机油泵。在特殊情况下，例如，电动机失灵，电动辅助机油泵也可以自-15℃的温度起以紧急运行模式工作，以接合分离离合器。这样驾驶员在电动机失灵的情况下仍然能够继续行驶。

在GA8P75HZ变速箱中，它占据GA8HP70Z中所用的液压脉冲存储器的安装空间。和液压脉冲存储器一样，电动辅助机油泵在损坏时也可更换。

在传统车辆中，启动电动机旋转，通过变矩器驱动机械式变速箱油泵。在建立起变速箱油压后，可移出驻车锁止器。而在GA8P75HZ中，无需变速箱油压即可断开分离离合器。因此，在GA8P75HZ中不需要通过启动电动机旋转来产生用于移出驻车锁止器的变速箱油压，而是可以通过辅助电动变速箱泵油建立起变速箱油压，或者用电动机驱动机械式变速箱油泵，从而建立起变速箱油压。F18 PHEV自动变速器冷却油管连接如图7-33所示。

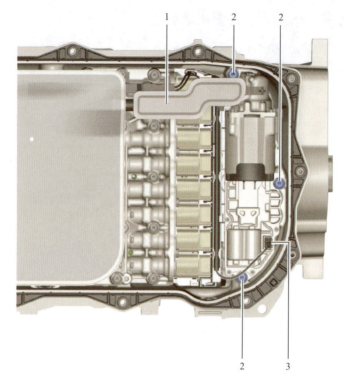

▲ 图7-32 F18 PHEV电动辅助机油泵

1—吸管；2—电动辅助机油泵螺旋连接点；3—电气接口

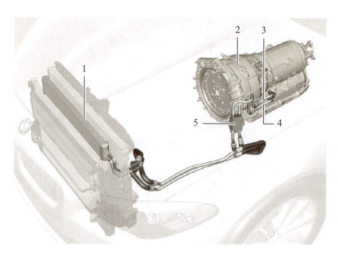

▲ 图7-33 F18 PHEV自动变速器冷却油管连接

1—变速箱油冷却器；2—自动变速箱；3—变速箱油供给管路；4—变速箱油回流管路；5—节温器

7.4.3 制动系统电动真空泵

7.4.3.1 奥迪Q5电动真空泵

电动制动真空泵V192固定在ESP总成的前面，见图7-34。该泵的作用是在发动机关闭期间，为制动助力器提供足够的真空力。

▲ 图7-34 奥迪Q5全混合动力车型电动真空泵

制动真空泵V192由发动机控制单元J623经继电器J318来操控。需要时，通过制动助力压力传感器G294来接通该泵。

7.4.3.2 宝马X1电动真空泵

F49 PHEV制动真空系统由如图7-35所示部件组成。

1—电动机电子装置（EME）；2—车身域控制器（BDC）；3—动态稳定控制系统DSC；4—制动真空压力传感器；5—制动踏板；6—制动助力器；7—数字式电动机电子装置DME；8—电动真空泵；9—机械真空泵

▲ 图7-35 F49 PHEV制动真空系统

为了确保制动伺服装置在制动过程中可以辅助驾驶员,需要配备充足的真空源。B38发动机通过机械真空泵产生必要的真空,见图7-36。因为在B38发动机停转的阶段仍需保障真空供给,所以真空系统通过电动真空泵进行增强。当真空系统中的真空值降至低于预定阀值时,电动真空泵被启用。真空数据通过制动伺服装置中的制动真空传感器进行记录。

电动机电子装置(EME)是控制电动真空泵的中央控制单元。该装置为制动真空传感器供电并读取压力信号。如有必要,EME可以启用电动真空泵。达到规定的真空等级后,撤销对电动真空泵的启用。

如果电动真空泵提供的真空压力不足,则通过DSC液压控制单元进行压力蓄积辅助提供制动动力。

如果电动真空源出现故障,则禁止进行纯电力驾驶。如果出现这种状况,EME在踩下刹车踏板后发送一个启动内燃发动机的请求信号。汽油发动机打开后通过机械真空泵保障真空状态。通过中央数据显示屏(CID)告知驾驶员故障信息。制动真空源的信号传输如图7-37所示。

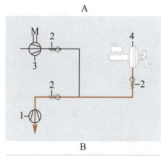
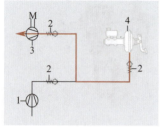

▲ 图7-36 F49 PHEV中的真空源示意图

A—使用内燃发动机驱动;B—电气驱动;1—机械真空泵;2—止回阀;3—电动真空泵;4—制动助力器

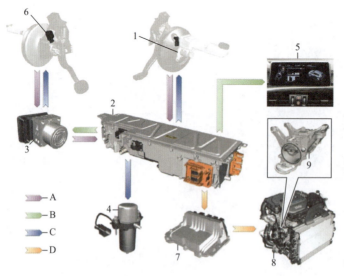

▲ 图7-37 F49 PHEV中制动真空源的信号传输

A—信息输入;B—信息输出;C—电压输出;D—发动机启动请求信号;1—制动真空压力传感器;2—电机电子装置(EME);3—动态稳定控制系统DSC;4—电动真空泵;5—中央数据显示屏CID;6—刹车踏板行程传感器;7—数字式电动机电子装置DME;8—汽油发动机(B38);9—机械真空泵

7.4.3.3 奔驰S500 PHEV电动真空泵

电动真空泵根据需要由电控车辆稳定行驶系统控制单元进行促动,其功能是在制动助力器BAS内建立真空,并在电气运行时保持真空。电动真空泵实体及接口如图7-38所示。

真空泵产生真空,并通过相应的真空管传导至制动助力器BAS。当内燃机运行时,由机械式真空泵保证真空度。

▲ 图7-38 奔驰电动真空泵

1—电气插接口;2—真空接口;M56—真空泵

模块8 变速器与减速器

项目1　带电动机的自动变速器

8.1.1　宝马F18八挡自动变速器

由于电动机尺寸更大并安装有辅助扭转减震器，GA8P75HZ变速箱外壳比GA8P70HZ变速箱长30mm。GA8P75HZ变速箱中的混合动力部分由五个组件构成：双质飞轮；辅助扭转减震器；分离离合器；电动机；相对于GA8P70HZ进行过改进的电动辅助机油泵（用于在变速箱输入轴静止时供应变速箱油压）。变速箱剖面结构见图8-1。

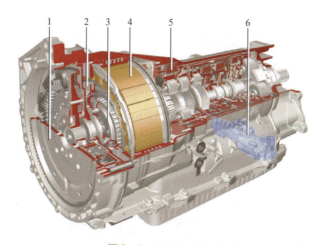

1—双质飞轮（包括带扭转减震器和离心力摆）；2—辅助扭转减震器；3—分离离合器；4—电动机；5—多片式制动器B；6—电动辅助机油泵

▲ 图8-1　F18 PHEV GA8P75HZ变速箱剖面图

与GA8P70HZ变速箱一样，在GA8P75HZ变速箱中也加强了多片式制动器B。多片式制动器B除了起到换挡元件的作用，还必须实现车辆的起步和蠕行，因此有必要进行加强。

如图8-2所示是GA8P75HZ变速箱的变速箱骨架，说明了如何将新组件集成到自动变速箱中。

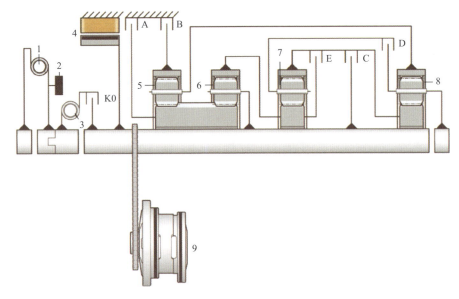

▲ 图8-2　F18 PHEV GA8P75HZ变速箱结构示意图

1—扭转减震器；2—离心力摆；3—辅助扭转减震器；4—电机；5—齿轮组1；6—齿轮组2；7—齿轮组3；8—齿轮组4；9—机械式机油泵；A—多片式制动器A；B—多片式制动器B；C—多片式离合器C；D—多片式离合器D；E—多片式离合器E；K0—分离离合器

制动器和离合器被称为换挡元件，能够实现所有挡位的切换。与GA8HP70Z变速箱相同，在GA8P75HZ变速箱中使用以下换挡元件：

- 两个固定的多片式制动器（制动器A和B）。
- 三个围绕的多片式离合器（离合器C、D和E）。

多片式离合器（C、D和E）将驱动扭矩传导到行星齿轮组中。多片式制动器（A和B）将扭矩顶向变速箱壳体。离合器和制动器以液压方式接合。为此，给一个活塞施加油压，从而让活塞压紧摩擦片组。变速器内部连接部件如图8-3所示。

GA8HP75Z变速箱换挡元件的数目和布置与GA8HP70Z变速箱相同。因此以相同的方式产生八个挡位。

表8-1显示了哪个换挡元件在哪个挡位中接合。

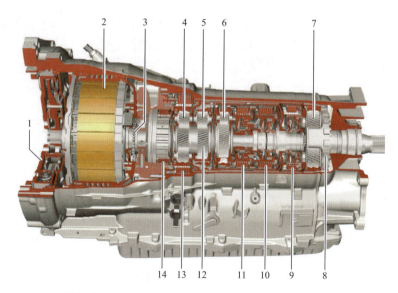

▲ 图8-3　F18 PHEV GA8P75HZ变速器内部连接部件

1—双质飞轮；2—电动机；3—机械式油泵驱动链条；4—齿轮组1；5—齿轮组2；6—齿轮组3；7—齿轮组4；8—驻车锁止器；9—多片式离合器D；10—多片式离合器C；11—多片式离合器E；12—齿轮组1和2共用中心齿轮；13—多片式制动器B；14—多片式制动器A

表8-1　换挡元件与挡位关系

挡位	制动器A	制动器B	离合器C	离合器D	离合器E
1		●			
2		●			●
3		●	●		
4		●		●	
5		●	●	●	
6			●	●	
7	●		●		
8	●			●	●
R	●			●	

由于不再使用变矩器，因此更改了自动变速箱的多片式制动器B。在F18 PHEV的GA8P75HZ变速箱中，通过多片式制动器B实现车辆的起步和蠕动。为此增加了盘片数量并扩大了盘片直径。为确保充分冷却，变速箱油根据需要流过集成式启动元件（多片式制动器B）。

机械电子模块由液压换挡机构和电子控制单元组成,见图8-4。控制单元布置在变速箱下部区域,被油底壳包围。液压换挡机构包括变速箱控制系统的机械组件,如阀门、减震器和执行器。

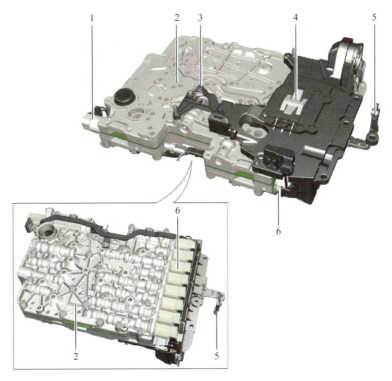

▲ 图8-4 F18 PHEV GA8P75HZ变速箱的机械电子模块

1—驻车锁止器磁铁；2—液压换挡机构；3—行星齿轮架齿轮组转速传感器；4—电子控制单元；5—输出转速传感器；6—电子压力控制阀和电磁阀

为了用在GA8P75HZ中,对机械电子模块进行了调整,例如,现在通过传感器（3）的转速信号计算启动离合器（多片式制动器B）的滑差。在GA8P75HZ变速箱中,借助电动机的转子位置传感器确定变速箱输入转速。

如图8-5所示,分离离合器固定集成到电动机壳体中。它被设计为开放结构的湿式多片离合器,因此优化了摩擦损耗。为了在特定运行状态中将发动机与电动机和传动系统的其他部分断开,使用分离离合器。例如,在纯电动行驶时,以及在"空挡滑行"行驶状态中就会进行这种脱离。

分离离合器具有很高的调节精度,这样就不会感觉到发动机的连接和断开。一旦分离离合器接合,电动机、变速箱输入轴和发动机就以相同的转速旋转。通过变速箱油进行分离离合器的冷却。

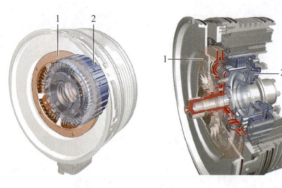

▲ 图8-5 分离离合器内部结构

1—辅助扭转减震器；2—分离离合器

与自动变速箱的所有离合器和多片式制动器一样，分离离合器也由机械电子模块操纵。分离离合器在失压状态下断开。因此，要接合离合器就需要借助变速箱油压。通常通过机械式机油泵提供该压力。在特殊情况下，例如，电动机失灵时，也可通过电动辅助油泵接合分离离合器。不过，这种情况会有损舒适性。

由于分离离合器断开后，通过电动机驱动机械式机油泵，因此当电动机失灵以及变速箱油温低于-15℃时，分离离合器无法接合，也就不能执行起步过程。

与传统变速箱中的变矩器一样，F18 PHEV中的分离离合器能够通过滑差微调功能防止发动机的不均匀运转状态传递到传动系的其他部分。这样就能在极低的发动机转速下明显改善车内的噪声水平。

8.1.2 奔驰S500 PHEV七挡自动变速器

S500 Plug-In Hybrid配备7速自动变速箱（7G-TRONIC），并针对插电式混合动力驱动方案进行了调整。

变速箱可分为以下组件（见图8-6）。

- 湿式离合器，带扭转减震器。
- 油泵，用于产生必要的机油压力以及保证换挡元件及轴承润滑。
- 电动辅助油泵，用于在发动机静止、混合动力运行和电气运行时产生必要的机油压力，以及保证换挡元件及轴承润滑。
- 机油冷却系统，用于优化短时间散热。
- 变速箱外壳，带有变速箱机械部件（行星齿轮组、驻车止动爪机械机构、多片式离合器和多片式制动器）。
- 电气控制单元（集成电动液压式驻车止动爪操纵机构）。
- 电动机。

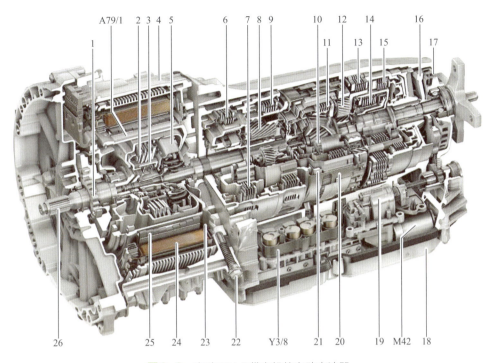

▲ 图8-6 奔驰724.0带电机的自动变速器

1—油泵（初级泵）；2—湿式离合器的离合器摩擦片；3—内齿板支架；4—驱动单元；5—扭转减震器；6—多片式制动器B1；7—多片式离合器K1；8—拉维娜式齿轮组；9—多片式制动器B3；10—前部单行星齿轮组；11—多片式离合器K2；12—后部单行星齿轮组；13—多片式制动器BR；14—多片式离合器K3；15—多片式制动器B2；16—驻车止动爪齿轮；17—用于记录转速的脉冲环；18—油底壳；19—电动液压式驻车止动爪操纵机构；20—用于记录转速的环型磁铁；21—用于记录转速的环型磁铁；22—机油节温器；23—机油叶轮；24—定子；25—转子；26—湿式离合器驱动轴；A79/1—电动机；M42—电动辅助油泵；Y3/8—全集成化变速箱控制系统的控制单元

项目2　减速器功能型变速器

8.2.1　宝马i3用变速器

宝马i3的变速箱由BMW集团自行研发。变速箱生产也由BMW Dingolfing工厂相关部门负责。

变速箱总传动比为9.7：1，因此变速箱输入端的转速是变速箱输出端的9.7倍。该传动比通过两个圆柱齿轮对来实现。因此在变速箱内输入轴旁还有一个中间轴。变速箱输出端处的圆柱齿轮与差速器壳体固定连接在一起并驱动差速器。变速器内部齿轮结构如图8-7所示。差速器将扭矩分配给两个输出端并在两个输出端之间进行转速补偿。

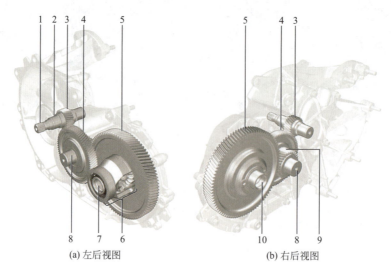

▲ 图8-7 变速器内部齿轮结构

1—啮合轴用于连接电机驱动轴；2—变速箱输入轴；3—输入轴上的圆柱齿轮1；4—中间轴上的圆柱齿轮2；5—变速箱输出端处的圆柱齿轮4；6—差速器；7—左侧半轴接口；8—中间轴；9—中间轴上的圆柱齿轮3；10—右侧半轴接口

图8-8所示的结构示意图以简化形式展示了变速箱内的扭矩传输情况。

▲ 图8-8 变速箱内部扭矩传输示意图

8.2.2 特斯拉变速器

特斯拉驱动单元设有一个单速齿轮减速齿轮箱，位于电动机和变频器之间，见图8-9。变速箱通过两个相等长度驱动轴与后轮连接。变速箱采用双级减速和三轴副轴结构。铸铝变速箱外壳配有齿轮箱、变频器透气孔、注油和排水塞。

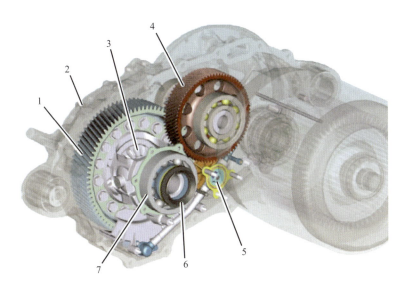

▲ 图8-9 特斯拉变速箱结构

1—齿圈；2—变速箱外壳；3—差速器；4—中间轴齿轮；5—油泵；6—传动轴密封；7—差速器轴承

挡位选择器和变速箱之间没有机械连接。变速箱齿轮组是常啮合的。变速箱没有机械空挡或倒挡，并没有停车棘爪。反向驱动是由反转电动机扭矩的极性来实现的。空挡是通过电动机断电来实现的。

8.2.3 传祺机电耦合系统

GMC系统将发电机、驱动电动机、离合器、传动齿轮以及差减速器集成为一体；该方案采用发动机与发电机同轴、双电机并排布置的结构，单速比传动，通过离合器/制动器的控制实现纯电动、增程、混动等多种模式。

GMC关键零部件包括电动机系统：驱动电动机、发电机；离合器；液压系统：液压模块、电动泵、吸滤器、机械泵；传动系及P挡机构；壳体及其附件；油管组件；其他标准件。组成部件如图8-10所示，内部部件连接如图8-11所示。

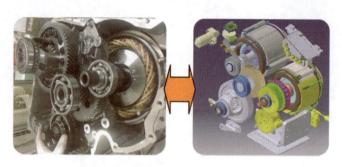

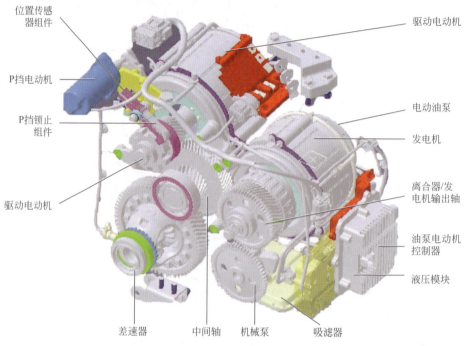

▲ 图8-10 GMC系统组成部件

序号	产品类型	功能描述
1	液压模块	实现油压的控制、液压流量的分配
2	电动油泵	液压系统油源,为系统供油
3	吸滤器	过滤油液
4	机械泵	液压系统油源,为系统供油
5	P挡电动机	P挡机构通过锁止驱动电动机输出轴实现P挡驻车
6	离合器	通过控制离合器的接合与分离,控制发动机动力是否输出到车轮参与驱动,从而实现驱动模式的切换
7	传动系	传动系实现将驱动电动机、发动机动力耦合输出到驱动轴

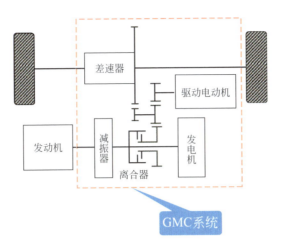

▲ 图8-11 GMC系统内部部件连接

模式	执行部件				启动条件	
	发动机	发电机	驱动电动机	离合器	SOC	车速
纯电模式	—	—	驱动	开	高	低
增程模式	发电	发电	驱动	开	低	低
混动模式	驱动+发电	发电	辅助驱动	合	低	高

离合器处于分离状态，发动机和发电机不工作，驱动电动机工作，能量全部来源于动力电池；该模式用于动力电池SOC高于一定值时。传动路径如图8-12所示。

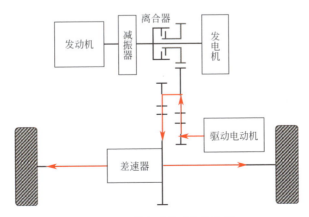

▲ 图8-12 纯电动模式传动路径

223

离合器处于分离状态，发动机启动，驱动发电机发电，驱动电动机驱动车辆行驶；该模式用于SOC较低时的低速行驶工况。传动路径如图8-13所示。

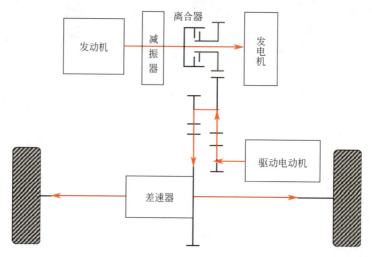

▲ 图8-13 低速增程模式传动路径

离合器结合，发动机输出动力部分驱动发电机发电，部分输出与驱动电动机动力耦合，最后输出到差减，驱动车辆行驶；该模式用于SOC较低时的高速行驶工况。传动路径如图8-14所示。

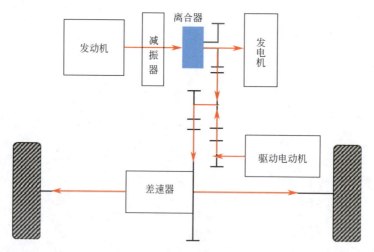

▲ 图8-14 高速增程模式传动路径

项目3 行星齿轮组变速器

8.3.1 丰田P410混合传动桥

P410混合动力车辆传动桥总成包括2号电动机发电机（MG2）（用于驱动车辆）和1号电动机发电机（MG1）（用于发电），采用带复合齿轮装置的无级变速器装置。该传动桥应用于丰田雷凌-卡罗拉双擎、第7代凯美瑞混动、第3代普锐斯，以及雷克萨斯CT200H、ES300H等车型上。

此混合动力传动桥系统使用电子换挡杆系统进行换挡控制。

传动桥主要包括MG1、MG2、复合齿轮装置、变速器输入减振器总成、中间轴齿轮、减速齿轮、差速器齿轮机构和油泵。组成部件如图8-15所示。

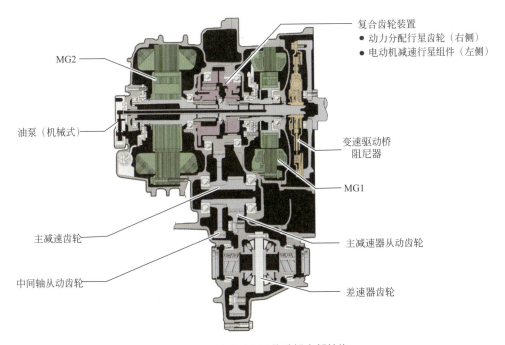

▲ 图8-15 丰田P410传动桥内部结构

传动桥为3轴结构。复合齿轮装置、变速器输入减振器总成、油泵、MG1和MG2安装在输入轴上。中间轴从动齿轮和减速主动齿轮安装在第二轴上。减速从动齿轮和差速器齿轮机构安装在第三轴上。齿轮组连接如图8-16所示。

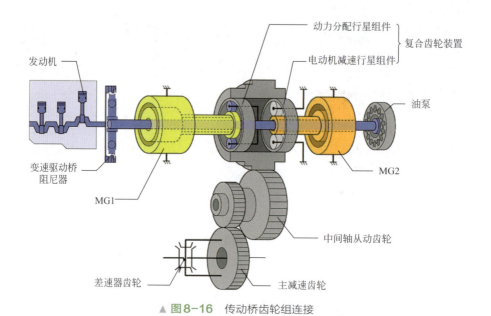

▲ 图8-16 传动桥齿轮组连接

发动机、MG1和MG2通过复合齿轮装置机械连接。每一个行星齿圈与复合齿轮机构结合，见图8-17。复合齿轮装置包括动力分配行星齿轮机构和电动机减速行星齿轮机构。各行星齿圈与复合齿轮集成于一体。另外，此复合齿轮还集成了中间轴主动齿轮和驻车挡齿轮。

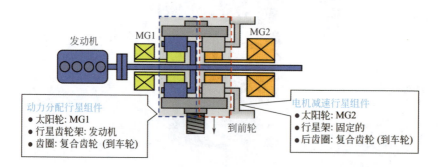

▲ 图8-17 齿轮组连接与动力分配

动力分配行星齿轮机构将发动机的原动力分成两路：一路用来驱动车轮，另一路用来驱动MG1，因此，MG1可作为发电机使用。为了降低MG2的转速，采用电动机减速行星齿轮机构，使高转速、大功率的MG2最佳适应复合齿轮。该齿轮装置结构如图8-18所示。

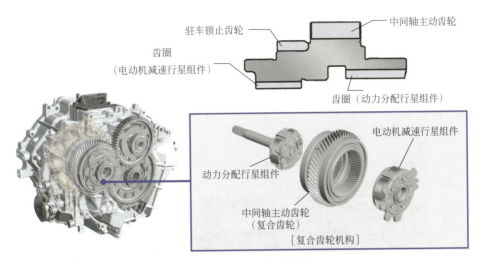

▲ 图8-18　复合齿轮机构

8.3.2　通用4EL70混动变速器

4EL70是一个全自动后轮驱动变速器，包含一个电子控制型连续可变电动变速器。它包括一个输入轴、三个静止式和两个旋转式摩擦离合器总成、一个液压增压和控制系统、一个电动油液泵、三个行星齿轮组和两个电动驱动电动机，其内部结构如图8-19所示。

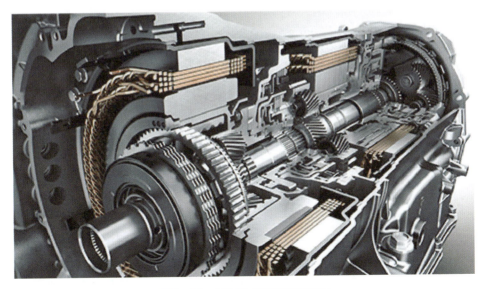

▲ 图8-19　4EL70变速器内部结构

混合动力4EL70变速器的机械部件如下：控制阀总成；传动轴法兰；自动变速器壳体加长件；输出轴；输入轴总成；太阳齿轮架；太阳齿轮和太阳齿轮轴；自动变速器扭转减振器壳体；驱动电动机-位置1；可变1-2-3-4挡和1-2-3挡离合器；驱动电动机-位置2；可变1-2挡和1-2挡离合器壳体；可变3-4挡和2-3挡离合器壳体。变速器内部机械部件分布如图8-20所示。

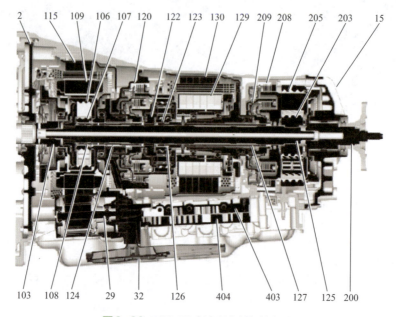

▲ 图8-20　4EL70变速器内部机械部件

2—自动变速器扭转减振器壳体；15—自动变速器壳体加长件；29—自动变速器油泵；32—自动变速器机油滤清器；103—输入轴；106—太阳齿轮支架-位置1；107—太阳齿轮-位置1；108—太阳齿轮轴-位置1；109—驱动电动机转子-位置1；115—驱动电动机定子-位置1；120—可变1-2-3-4挡和1-2-3挡离合器；122—太阳齿轮支架-位置2；123—太阳齿轮-位置2；124—可变2-3挡和1-2-3挡离合器轴；125—主轴；126—太阳齿轮轴-位置2；127—可变3-4挡和2-3挡离合器轴；129—驱动电动机转子-位置2；130—驱动电动机定子-位置2；200—输出轴；203—太阳齿轮-位置3；205—太阳齿轮支架-位置3；208—可变1-2挡和1-2挡离合器壳体；209—可变3-4挡和2-3挡离合器壳体；403—上控制阀体；404—控制阀电磁阀体

模块9 CAN通信数据总线

项目1 混动车型网络总线

9.1.1 大众途锐HEV总线网络

途锐混合动力车在不同的工作模式时,必须对不同车辆系统之间,大量不同的车辆信息进行搜集、评估和交换,以进行调控。除了我们了解的驱动系统、舒适系统和信息娱乐系统CAN数据总线网络之外,途锐还使用到了底盘CAN、扩展CAN、显示CAN以及混合动力CAN。

此外,还要处理来自MOST和LIN网络的信息。这些网络的公用接口就是数据总线诊断接口(网关)。总线网络组成如图9-1所示。

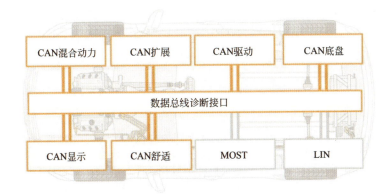

▲ 图9-1 数据总线网络组成

总线名称	连接系统
CAN驱动	发动机管理系统、变速箱管理系统、安全气囊系统等之间的通信
CAN舒适	座椅记忆、牵引探测、防盗系统等之间的通信
CAN底盘	ABS/ESP、避震器和车身高度调节、电子驻车、转向角传感器等之间的通信
CAN扩展	空调压缩机、大灯照射范围控制、电子液压助力转向等之间的通信
CAN显示	组合仪表、驻车辅助系统、空调控制等之间的通信
CAN混合动力	发动机控制单元、芯轴作动器、电力电子设备、电动机等之间的通信
MOST	收音机/导航系统、组合仪表、音响系统之间的通信
LIN	座椅占用识别系统、PTC调节、鼓风机调节等之间的通信

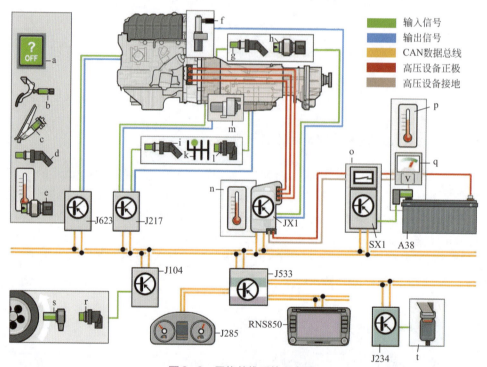

▲ 图9-2 网络总线系统示意图

a—电力驱动模式（开/关）；b—制动信号；c—电子油门、信号；d—发动机转速；e—发动机温度；f—离合器动作发动机/电动机；g—电动机转速；h—电动机温度；i—变速箱转速；k—挡位识别；l—变速箱液压系统温度；m—离合器液压泵，变速箱液压压力，换挡动作；n—电力电子装置温度；o—高电压线路监控；p—蓄电池温度；q—电压监控；r—制动系统液压压力，制动压力；s—轮速探测；t—安全带识别；A38—高压蓄电池；J623—发动机控制单元；J217—自动变速箱控制单元；JX1—用于电力驱动的电力和控制电子装置；SX1—接线盒和配电箱（电气箱）；J104—ABS控制单元；J285—组合仪表控制单元；J533—数据总线诊断接口；J234—安全气囊控制单元；收音机导航系统RNS850

图9-2描述的系统示意图所显示的只是在电力驱动模式下所需要的部件和信号。实际上,在行驶模式中所涉及的车辆系统间,所有其他的输入和输出信号都会进行交换,例如,暖风和空调系统、助力转向系统和制动系统的运行等。在电力驱动模式和发动机驱动模式之间互相切换时,车辆各系统间的协调是特别重要的,协调得好,驱动扭矩上的变化才不会对驾驶的舒适性产生不良影响。这意味着发动机管理系统、变速箱管理系统和混合动力调节系统互相之间特别需要精确地配合。在电力驱动模式和发动机驱动模式之间进行切换时,在发动机控制单元和电力电子装臵之间也在切换着优先权。在发动机驱动模式下,发动机控制单元是主导控制单元。在电力驱动模式下,电力电子装置取代了发动机控制单元的优先控制权。

9.1.2 丰田MPX多路通信系统

以雷克萨斯ES300H混动车型为例,多路通信系统使用4种通信协议(CAN、LIN、AVC-LAN和MOST)以获得流线型线束配置。

协议	概要
控制器区域网络(CAN)	CAN根据通信速度分为2种类型。高速CAN(HS-CAN)用于传动系、底盘和车身电器系统,中速CAN(MS-CAN)用于车身电器系统 HS-CAN部分为CANV总线、CAN分总线11、CAN分总线13和CAN分总线15。动力管理控制ECU在总线之间传输数据 MS-CAN部分称为CAN分总线1。主车身ECU(多路网络车身ECU)在总线间传输数据
局域互联网(LIN)	局域网使用LIN,其中各车身电气系统有各自的LIN总线
音频/视频通信局域网(AVC-LAN)	AVC-LAN仅用于音频/视频系统零部件间的通信
媒体定向系统传输(MOST)	MOST仅用于音频/视频系统零部件间的通信

由于传动系统、底盘、车身电气系统中引入了CAN通信系统,实现了流线型线束配置。由于CAN、LIN、AVC-LAN和MOST网络这些多路通信系统彼此之间不兼容而无法直接通信。CAN、LIN、AVC-LAN和MOST是单独的网络。因此,某些ECU用作网关传送数据,从而使CAN和LIN网络间进行通信。

CAN、LIN、AVC-LAN和MOST所使用的协议(即建立数据通信的规则)各不相同。如果网络中的各个ECU使用不同的数据架构,例如,通信速度、通信线束或信号不同,则彼此之间就无法沟通。因此,必须在它们之间建立协议(规则)。

与LIN和AVC-LAN相比，CAN具有高速数据传输的特点。因此，CAN能够以比其他协议更快的速度传输更多数据。这一特点可使其在传动系和底盘控制系统中准确地传输数据。这些系统要求在短时间内传输大量数据。CAN、LIN、AVC-LAN和MOST相关性能比较见表9-1。

表9-1 CAN、LIN、AVC-LAN和MOST相关性能比较

项目	CAN		LIN	AVC-LAN	MOST
	HS-CAN	MS-CAN			
通信速度	500kbps[①]	250kbps[①]	9.6~20kbps[①]	最快17.8kbps[①]	最快50Mbps[①]
通信线束	双绞线		AV单线	双绞线	屏蔽双绞线
驱动类型	差分电压驱动		单线电压驱动	差分电压驱动	差分电压驱动
数据长度	1~8字节（可变）		2、4、8字节（可变）	0~32字节（可变）	0~128字节（可变）

① "bps"即"比特/秒"，表示每秒可以传输的比特数。

控制器区域网络（CAN）使用2种类型的CAN总线：HS-CAN高速总线与MS-CAN中速总线。CANV总线、CAN分总线11、CAN分总线13和CAN分总线15为以500kbps工作的HS-CAN总线。CAN分总线1为以250kbps工作的MS-CAN中速总线。

各CAN总线有两个终端电阻器，这是对通信进行准确判断所必需的。各总线的终端电阻器位置如表9-2所示。

表9-2 各总线的终端电阻器位置

通信速度	总线	终端电阻器位置
高速（HS-CAN）	CAN V总线	ECM、组合仪表总成
	CAN分总线11	动力管理控制ECU、CAN 5号接线连接器
	CAN分总线13	行驶辅助ECU总成、毫米波雷达传感器总成
	CAN分总线15	ECM、动力管理控制ECU
中速（MS-CAN）	CAN分总线1	主车身ECU（多路网络车身ECU）、CAN 2号接线连接器

动力管理控制ECU具有网关功能，用于在CANV总线和CAN分总线11之间传输数据。主车身ECU（多路网络车身ECU）具有网关功能，用于在CANV总线和CAN分总线1之间传输数据。行驶辅助ECU具有网关功能，用于在CAN分总线11和CAN分总线13之间传输数据。CAN总线通信示意图如图9-3、图9-4所示。

模块9
CAN通信数据总线

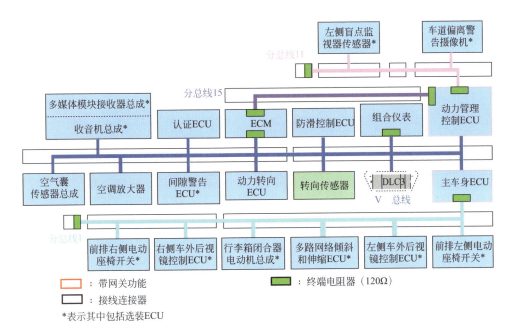

▲ 图9-3 雷克萨斯ES300H车型CAN总线通信（不带碰撞预测安全系统）

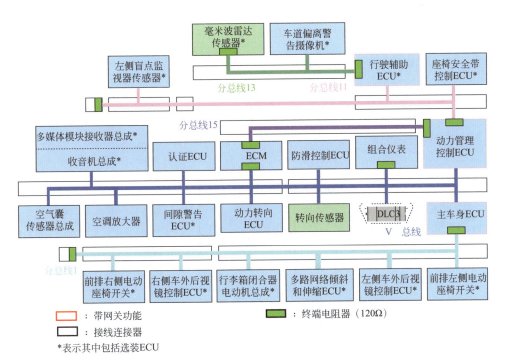

▲ 图9-4 雷克萨斯ES300H车型CAN总线通信（带碰撞预测安全系统）

233

局域互联网（LIN）由各相关车身电气系统的总线组成，并用于ECU和开关之间的通信。通过LIN传输的信号可通过带网关功能的LIN ECU（也连接至CAN）发送至CAN。LIN用于电动车窗控制系统、智能上车和启动系统、空调系统和刮水器系统（带雨量感应功能的车型）。LIN通信总线连接部件如图9-5所示。

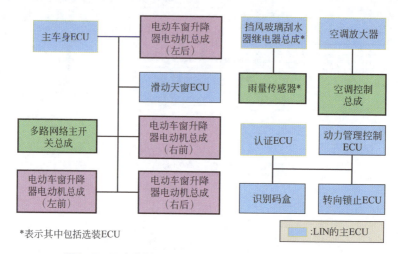

▲ 图9-5　雷克萨斯ES300H车型LIN通信总线连接部件

MOST用于实时传输控制信息、音频、视频和数据，其网络连接如图9-6所示。

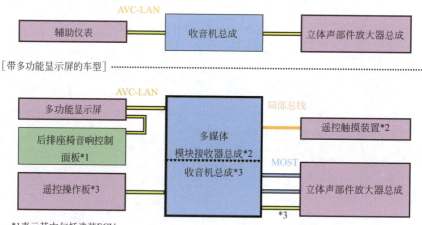

▲ 图9-6　雷克萨斯ES300H车型AVC-LAN和MOST通信

项目2　纯电动车型网络总线

9.2.1　宝马i3网络总线

宝马i3数据通信网络连接系统如图9-7所示。

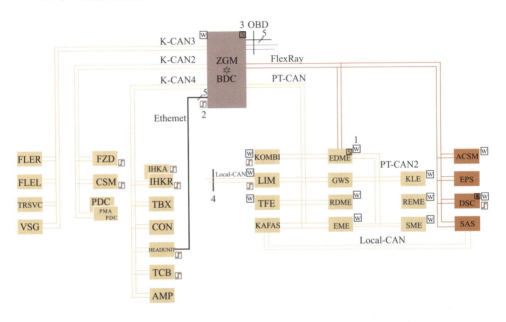

▲ 图9-7　宝马i3数据通信网络连接系统

ACSM—碰撞和安全模块；AMP—放大器；BDC—车身域控制器；CON—控制器；CSM—汽车共享模块；DSC—动态稳定控制系统；EDME—数字式发动机电气电子系统；EME—电动机电子装置；EPS—电子助力转向系统；FLER—右侧前部车灯电子装置；FLEL—左侧前部车灯电子装置；FZD—车顶功能中心；GWS—选挡开关；HEADUNIT—主控单元；IHKA—自动恒温空调；IHKR—手动恒温空调；KAFAS—基于摄像机的驾驶员辅助系统；KLE—便捷充电电子装置；KOMBI—组合仪表；LIM—充电接口模块；PDC—驻车距离监控系统；PMA—驻车操作辅助系统；RDME—增程器数字式发动机电子系统；REME—增程电动机电子装置；SAS—选装配置系统；SME—蓄能器管理电子装置；TFE—燃油箱功能电子系统；TBX—触控盒；TCB—远程通信系统盒；TRSVC—顶部后方侧视摄像机；VSG—车辆发声器；ZGM—中央网关模块；1—还与总线端15WUP连接的控制单元；2—有唤醒权限的控制单元；3—用于FlexRay总线系统启动和同步的启动节点控制单元；4—车辆上的充电接口

宝马i3使用的K-CAN总线有K-CAN2，K-CAN3，K-CAN4。所有K-CAN总线的数据传输率均为500kbit/s。在i3上不使用数据传输率为100kbit/s的K-CAN。

宝马i3使用的PT-CAN总线有PT-CAN，PT-CAN2。用于PT-CAN2的网关位于数字式发动机电气电子系统EDME内。两个PT-CAN的数据传输率均为500kbit/s。

用于车辆诊断的D-CAN数据传输率为500kbit/s。使用OBD2接口通过D-CAN可进行车辆诊断。用于车辆编程的以太网访问接口同样位于OBD2接口内。

在i3上根据相应配置提供的局域CAN总线有从选装配置系统SAS连至基于摄像机的驾驶员辅助系统KAFAS的局域CAN，从充电接口模块LIM连至车辆充电接口的局域CAN。局域CAN总线的数据传输率均为500kbit/s。

根据所需信息，LIN总线使用不同数据传输率。在i3上LIN总线的数据传输率为9.6~20.0kbit/s。例如，车外后视镜，驾驶员车门开关组件为9.6kbit/s；左侧前部车灯电子装置、右侧前部车灯电子装置为19.2kbit/s；遥控信号接收器为20.0kbit/s。

车身域控制器针对相应输入端的不同数据传输率进行设计。车身域控制器BDC执行以下功能：网关、禁启动防盗锁、总线端控制、舒适登车系统、中控锁、车窗升降器、照明装置、刮水和清洗装置、喇叭。

中央网关模块ZGM集成在BDC内。在车载网络结构中，ZGM以模块形式集成在BDC内。它可以说是控制单元内的控制单元，因为BDC内ZGM的工作方式就像是一个独立的控制单元。ZGM的任务是将所有主总线系统彼此连接起来。通过这种连接方式可综合利用各总线系统提供的信息。ZGM能够将不同协议和速度转换到其他总线系统上。通过ZGM可经过以太网将有关控制单元的编程数据传输到车辆上。

BDC是LIN总线上以下组件的网关：右侧前部车灯电子装置；左侧前部车灯电子装置；主动风门控制；左侧车外后视镜；右侧车外后视镜；驾驶员车门开关组件；数字式发动机电气电子系统；智能型蓄电池传感器；风挡玻璃刮水器；晴雨传感器；自动防眩车内后视镜；车顶功能中心；遥控信号接收器；转向柱开关中心；车灯开关；智能型安全按钮；驾驶员侧座椅加热模块；前乘客侧座椅加热模块。

以下LIN组件连接到BDC上，但是仅形成环路：电气加热装置；电动制冷剂压缩机；自动恒温空调或手动恒温空调。宝马i3 LIN总线连接部件如图9-8所示。

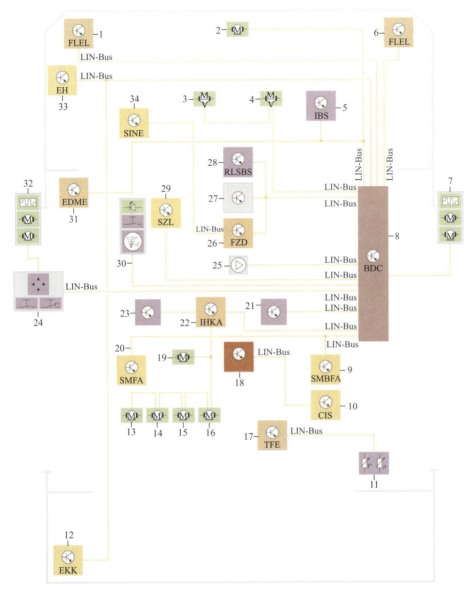

▲ 图9-8 宝马i3 LIN总线连接部件

1—左侧前部车灯电子装置；2—电风扇；3—前乘客侧刮水器电动机；4—驾驶员侧刮水器电动机；5—智能型蓄电池传感器；6—右侧前部车灯电子装置；7—右侧车外后视镜；8—车身域控制器；9—前乘客侧座椅模块；10—座椅占用识别垫；11—压力和温度传感器；12—电动制冷剂压缩机；13—脚部空间步进电动机；14—空气混合风门步进电动机；15—除霜步进电动机；16—新鲜空气/循环空气风门步进电动机；17—燃油箱功能电子系统；18—碰撞和安全模块；19—鼓风机功率输出级；20—驾驶员侧座椅模块；21—智能型安全按钮；22—自动恒温空调/手动恒温空调；23—暖风和空调操作面板以及收音机操作面板；24—驾驶员车门开关组件；25—遥控信号接收器；26—车顶功能中心；27—自动防眩车内后视镜；28—晴雨/光照/水雾传感器；29—转向柱开关中心；30—车灯开关操作单元；31—数字式发动机电气电子系统；32—左侧车外后视镜；33—电气加热装置；34—带有倾斜报警传感器的报警器

宝马i3各控制模块安装位置如图9-9所示。

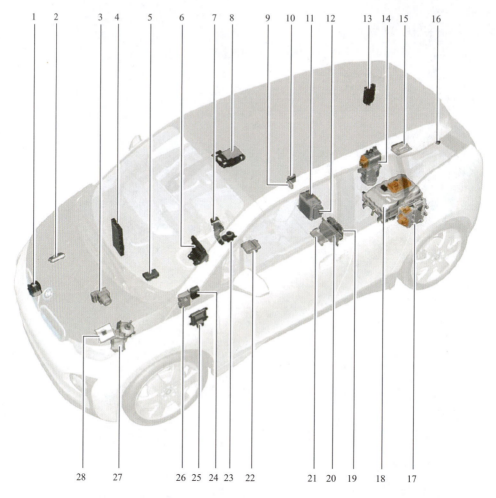

▲ 图9-9 宝马i3各控制模块安装位置

1—车辆发声器VSG；2—右侧前部车灯电子装置FLER；3—动态稳定控制系统DSC；4—车身域控制器BDC；5—自动恒温空调IHKA或手动恒温空调IHKR；6—组合仪表KOMBI；7—选挡开关GWS；8—车顶功能中心FZD；9—触控盒TBX；10—驻车操作辅助系统PMA或驻车距离监控系统PDC；11—主控单元HEADUNIT；12—选装配置系统SAS；13—充电接口模块LIM；14—增程电机电子装置REME；15—增程器数字式发动机电子系统RDME；16—顶部后方侧视摄像机TRSVC；17—便捷充电电子装置KLE；18—电动机电子装置EME；19—放大器AMP；20—远程通信系统盒TCB；21—蓄能器管理电子装置SME；22—碰撞和安全模块ACSM；23—控制器CON；24—燃油箱功能电子系统TFE；25—数字式发动机电气电子系统EDME；26—基于摄像机的驾驶员辅助系统KAFAS；27—电子助力转向系统EPS；28—左侧前部车灯电子装置FLEL

9.2.2 知豆电动汽车网络总线

知豆整车CAN网络有2条CAN总线，速率均为250kbps，具体如下（见图9-10）。

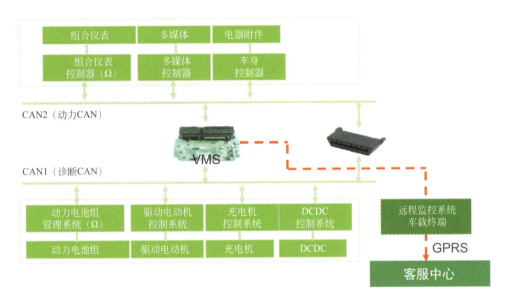

▲ 图9-10 知豆电动汽车网络总线分布

① CAN2为动力总线，包括电动机控制器MC（带120Ω终端电阻）、整车控制器VMS（带120Ω终端电阻）。

② CAN1为信息总线，包括仪表ICU、监控终端GPRS、电池管理系统BMS、影音导航娱乐系统GPS、车载充电机charger、整车控制器VMS。

模块10 氢燃料汽车

项目1 氢燃料汽车技术进程

从国际上来看,氢燃料电池车到现在分三个发展阶段。

第一阶段为1990—2005年。1990年美国能源署开始制订氢能和燃料电池研发和示范项目,世界发达国家(地区)纷纷加紧氢能与燃料电池的研发部署。当时人们对这项技术的攻关难度理解不够,以为燃料电池车可能在1995年左右实现产业化,以至于巴拉德公司股票涨到190多美元。实际上,做出的三辆氢燃料电池车在试验阶段稳定运行地很好,但放在芝加哥上路运行不到一个月全部垮掉。大家这才意识到燃料电池不适用于汽车的工况。

第二个阶段是2005—2012年。用了7年时间终于解决了燃料电池的工况适应性问题,燃料电池比功率达到了2kW/L,在零下30℃也能储存和启动,基本上满足了车用要求。

第三阶段是2012年至今,丰田燃料电池比功率达到了3.1kW/L,并在2014年12月15日宣布,"未来"氢燃料电池车实现商业化,进入了商业推广阶段,其后,本田与现代也推出了燃料电池商业化车。因此,从商业化角度,有人把2015年誉为燃料电池汽车的元年。全球氢燃料汽车技术进程如图10-1所示。

从全球发展来看,燃料电池车现在已经进入商业化导入期,当下的焦点就是降低成本和加氢站的建设。燃料电池发动机从性能、体积上可以实现与传统内燃机互换,低温适应性可以达到-30℃,行驶里程可以达到700km,一次加氢小于5min,跟燃油车效果完全是一样的。随着企业界的参与,产品工艺的定型,批量生产线的建立,以及关键材料与部件国产化,相信燃料电池成本会得到大幅度降低。此外,要加大力度推进加氢站的建设。

▲ 图10-1　全球氢燃料汽车技术进程

在我国，氢燃料电池车已经进行了十几年的研发，从"九五"开始，现在进入"十三五"，是第20个年头。

为体现"绿色奥运""科技奥运"，2008年北京奥运会出现了我国自己生产的燃料电池汽车，作为马拉松领跑车和电视拍摄车。该车装着"绿色心脏"－质子交换膜燃料电池，在奥运会上出现的氢燃料新能源汽车包括帕萨特燃料电池汽车、福田燃料电池客车。2009年，我国自主研制的16辆帕萨特领驭氢燃料电池轿车驶上美国高速公路，开展为期半年的道路测试与示范运行服务。这批燃料电池轿车以上海大众帕萨特领驭车型为基础，集成由上海燃料电池汽车动力系统有限公司、同济大学、上汽集团等研制的新一代燃料电池动力系统而试制完成，其最高时速可达150km/h，一次性充氢连续行驶里程近300km。它们曾在北京奥运会、残奥会上示范运行近70天，总行驶里程近8万km。2010年上海世博会，一共有196辆燃料电池车参加了运营，燃料电池功率是50kW，锂电池的功率是20kW，此外，还参加了新加坡的世青赛。北京奥运会用的公交车在北京801路上进行了示范运行，燃料电池的功率是80kW。燃料汽车发展历程如图10-2所示。

▲ 图10-2　我国燃料汽车发展历程

在这之后，上汽进行了2014创新征程万里行，燃料电池车、纯电动车和插电式混合动力车三种车型参加了示范，燃料电池汽车在全国14个省市自治区25个城市运行，超越10000km，接受了沿海潮湿、高原极寒、南方湿热、北方干燥的考验。客车方面宇通推出了第三代燃料电池客车，氢燃料加注时间仅需10min，测试工况下续航里程超过600km，成本下降了50%。此外，福田燃料电池客车也亮相北京奥运会和上海世博会，近年来技术又得到提升。近期，上海大通V80氢燃料电池版轻客，采用新源动力电堆驱动，最高车速可达120km/h。

项目2　氢燃料汽车构造

燃料电池堆是燃料电池动力系统的最核心部件，它由多个燃料电池通过一定的方式结合起来形成的通过电化学反应产生直流电的燃料电池组组成。一个单独的燃料电池产生的电压低于1V，所以单电池要做成堆栈应用。

驱动电动机及控制系统是燃料电池汽车的心脏，它的功能是使电能转变为机械能，并通过传统系统将能量传递到车轮驱动车辆行驶。其基本构成为电动机和控制器，电动机由控制器控制，是一个将电能转变为机械能的装置，控制器的作用是将动力源的电能转变为适合于电动机运行的另一种形式的电能，所以控制器本质上是一个电能变换控制装置。

电动机驱动是燃料电池车唯一的驱动模式。大型燃料电池汽车，如大客车，一般采用感应电动机驱动；小型燃料电池汽车，如乘用车，一般用无刷直流电动机驱动系统。

燃料电池汽车的整车控制系统和其他类型的新能源汽车是一样的，它负责对燃料电池系统、电动机驱动系统、动力转向系统、再生制动系统和其他辅助系统进行监测和管理，也可以向智能化和数字化方向发展，包括神经网络、模糊运算和自适应控制等非线性智能控制技术都可以应用于燃料电池汽车的控制系统中。因此，燃料电池汽车一样可以发展无人驾驶或智能驾驶。

燃料电池车是以燃料电池为主要电源和以电动机驱动为唯一的驱动模式的电动车辆，燃料电池汽车的基础结构多种多样，按照驱动方式可分为纯燃料电池驱动和混合驱动两种，区别主要在于是否加装了辅助电源。

目前，因受到燃料电池启动较慢和燃料电池不能用充电来储存电能的限制，多数燃料电池汽车都要增加辅助电源来加快燃料电池汽车的启动，同时，储存燃料电池的多余电能和车辆制动反馈的再生能量。

因此，一般的燃料电池汽车大多是混合驱动型车，其动力系统关键装备除了燃料电池，还包括DC/DC转换器、驱动电动机及传动系统、辅助电源。

辅助电源及管理系统是混合型燃料电池汽车动力系统中的重要组成部分，在汽车启动、加速、爬坡等工况下，需要驱动功率大于燃料电池可以提供的功率时，释放存储的电能，从而降低燃料电池的峰值功率需求，使燃料电池工作在一个稳定的工况下，而在汽车怠速、低速或减速等工况下，燃料电池功率大于驱动功率时，存储动力系统富余的能量，或在回馈制动时，吸收存储制动能量，从而提高整个动力系统的能量效率。

目前应用于混合燃料电池汽车的辅助电源主要有铅酸电池、镍镉电池、镍氢电池、锂离子电池、超级电容器等。由于蓄电池最便宜，目前辅助电源用得最多的还是蓄电池（铅酸电池），主要采用EFB电池（增强型富液式铅酸电池）和AGM电池（玻璃纤维吸附蓄电池），其供应商主要包括博世、法雷奥、德尔福和马自达等厂商。此外，镍氢电池由于其性价比优势，也是现在主流的燃料电池辅助电源方案之一。

2009年奔驰发布了B级F-CELL燃料电池车。该车动力系统最大输出功率为136马力，峰值扭矩290N·m，而且在启动时即可达到峰值扭矩，最高时速可达170km，时速只比自然吸气式奔驰B200车型低26km。每千米二氧化碳排量为0。B级燃料电池车驱动系统的主要部件包括小型氢气燃料电池反应堆、高效能的锂离子电池、三个700bar高压储氢罐以及一个位于前轴的紧凑而轻量化的驱动电动机。该车内部结构如图10-3所示。

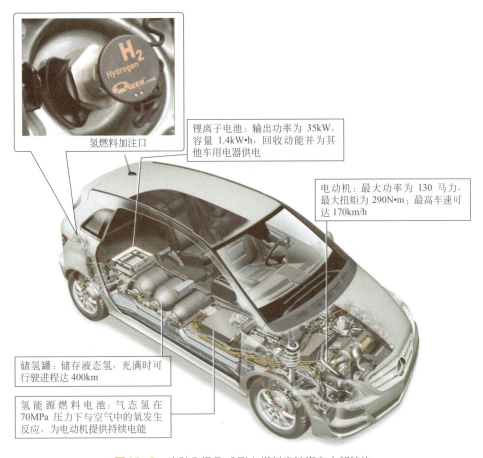

▲ 图10-3　奔驰B级F-CELL燃料电池汽车内部结构

奥迪在2014洛杉矶车展上发布了奥迪A7 Sportback h-tron quattro氢燃料混合动力车，其最核心的部件是位于传统发动机舱的氢燃料电池，由300多个电池单元组成。其工作原理极为清洁，氢气被输送到电池阳极后，被分解为质子和电子，质子到达阴极后与空气中的氧气反应变成水蒸气，同时电子提供电能，整个燃料电池的电压在230～360V之间。在燃料电池模式下，车辆仅需大约1kg的氢就能行驶100km，产生的能量相当于3.7L汽油，加满大约5kg氢气只需要不到3min的时间。该车内部结构及关键部件位置如图10-4～图10-7所示。

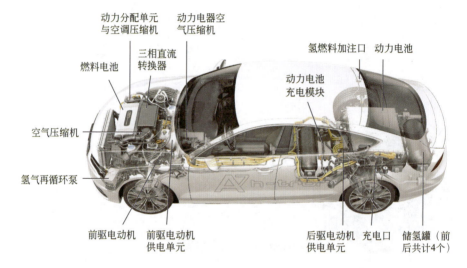

▲ 图10-4 奥迪A7 Sportback h-tron氢燃料汽车内部结构及关键部件位置

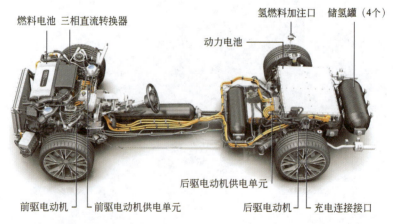

▲ 图10-5 奥迪A7 Sportback h-tron氢燃料汽车内部结构及关键部件（无车身视图）

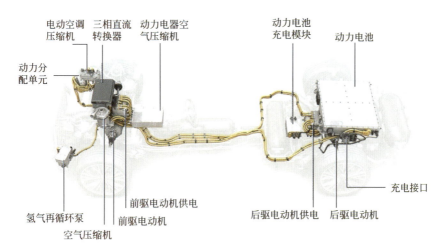

▲ 图10-6 奥迪A7 Sportback h-tron氢燃料汽车内部结构及关键部件（电动系统视图）

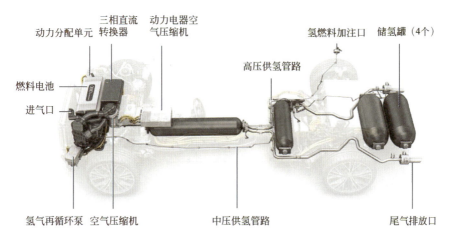

▲ 图10-7 奥迪A7 Sportback h-tron氢燃料汽车内部结构及关键部件（氢燃料系统视图）

2014年11月，丰田发布了氢燃料电池汽车Mirai，并于12月在日本上市销售。这是丰田第一款量产的燃料电池汽车，Mirai的内部有两个氢气储气罐，可以存储70MPa的氢气，总重87.5kg。一个气罐布置在后备厢靠前的位置，一个布置在后排座椅下面，这两个储气罐是由三层材料包裹制成，后排座椅椅背后方，有一块1.6kW·h的机械轴封镍氢蓄电池组，在车辆运行时，作为燃料电池堆栈所产生的多余电力以及能量回收时的电力存储装置使用。在必要的时候，蓄电池可以同燃料电池堆栈同时向电动机输出电力以增强车辆动力。Mirai的燃料电池堆栈布置在前排座椅下面，最大输出功率114kW（155马力）。该车关键部件位置如图10-8所示。

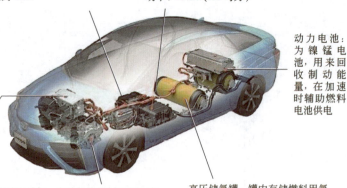

▲ 图10-8　丰田Mirai氢燃料电动汽车关键部件

项目3　氢燃料汽车原理

以大众途观HyMotion（FCBEV）车型为例，该车采用燃料电池驱动。车辆以氢气作燃料，并从燃料电池模块为电动机获取电能。在该模块中，氢气转化为水以产生电能。根据操作模式，使用高压蓄电池的充电电压用于驱动。

该车没有安装附加的发动机。高压蓄电池只能通过特殊充电装置进行外部充电。除了高压系统，车辆还带有12V车载供电和12V车载供电蓄电池。该车高压部件连接如图10-9所示。该车工作模式及运行原理见表10-1。

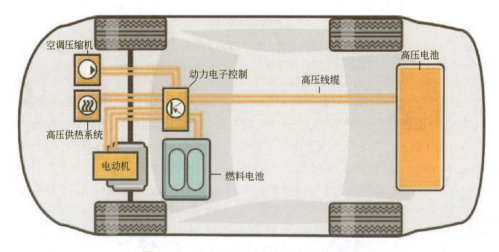

▲ 图10-9　大众途观HyMotion高压部件连接

表10-1 大众途观HyMotion工作模式及运行原理

模式	运行模式说明	能量线路
电动驱动	如果高压蓄电池已充电，则可电动驾驶车辆。在这种情况下，燃料电池不再供给任何能量，而且不再消耗任何氢气	燃料电池停用；高压电池输出能量；电动机作为驱动单元；动力电子控制
电动驾驶和充电	当高压蓄电池在充电时需要燃料电池的能量时，燃料电池启用。用于驱动及高压蓄电池充电的电能由燃料氢气和空气中氧气相互作用而得	燃料电池启用；高压电池充电中同时输出能量；电动机作为驱动单元
再生制动	电动机专门用于再生性制动。在超限运转阶段，电动机用作交流发电机。它通过动力电子元件为高压蓄电池充电	燃料电池停用；高压电池充电中；电动机作为交流发电机